中国历史读本

贰

吴晗 主编

天地出版社 | TIANDI PRESS

目　录 CONTENTS

隋朝的建立

　　隋是继北周之后建立起来的一个朝代。

　　北周末年，皇帝、贵族荒淫无度，政治十分腐败。如周宣帝宇文赟（yūn）只顾坐享安乐，不管人民死活，为了建筑洛阳宫，竟把原来农民每年服役一个月的规定，改为四十五天。在位两年后，宇文赟死去。儿子宇文阐继位（周静帝），年仅八岁，年幼无知，外戚（帝王的母族或妻族）杨坚辅政，这样就给杨坚制造了夺取北周政权的大好机会。

　　杨坚的父亲杨忠，是西魏主要将领“十二大将军”之一，北周时被封为隋国公。杨坚继承了父亲的爵位，他的妻子独孤氏是鲜卑大贵族独孤信的女儿，他自己的女儿是周宣帝的皇后。他凭借着杨家的社会声望、个人的政治才能和外戚身份，总揽朝政，官至“大丞相”，集军政大权于一身。辅政不久，他就积极谋划，部署力量，准备夺取北周政权。北周地方大臣相州（今河南省安阳市）

▲ 隋文帝杨坚像

总管尉迟迥、郧州（今湖北省十堰市郧阳区）总管司马消难、益州（今四川省成都市）总管王谦相继起兵，为挽救北周的统治做最后的挣扎。但是都无济于事，结果被杨坚先后派兵讨平。581年，杨坚迫使周静帝让位，自立为皇帝，国号隋，建都长安（今陕西省西安市，后迁大兴城，仍在长安附近），改元开皇。他就是隋文帝。

开皇九年（589），隋文帝派兵灭掉了南朝最后的一个王朝——陈，统一了全国，结束了东晋以来二百七十多年长期分裂的局面。为了维护地主阶级的封建统治，实现和巩固地主阶级政权的统一，隋文帝在灭陈以前和以后一个时期内，实行了一系列安定社会、发展农业生产的政策，其中重要的有以下几项。

1. 继续推行北魏以来的"均田制"。规定农民所受土地，分为露田和永业田两种，露田要归还，永业田不归还。一个成年男子受露田八十亩，永业田二十亩（当时人口稀少，荒芜的土地很多，所以规定受田较多，但实际并未能在所有地区都按规定受田），妇女只受露田四十亩。奴婢按照一般的成年人受田，一头牛按规定也可受田六十亩。官僚地主所受的田要比农民多得多。隋朝"均田"的土地，是无主荒地或由政府直接掌握的官田。无地或少地的农民获得一部分土地，对恢复社会生产是有利的。

2. 减轻农民赋役负担。 北周政府原规定，已娶妻的男子每年纳绢一匹、绵八两、粟五石，未娶妻的男丁减半。男子自十八岁到五十九岁每年都要服劳役一个月，周宣帝时因修治洛阳宫一度增为四十五天。隋初规定农民缴纳租调，以床（一夫一妇）为计算单位，丁男一床，缴纳租粟三石，调绢一匹（四丈）或布一端（五丈），绵三两或麻三斤；单丁和奴婢只需缴纳一床租调的一半。随着政权的日益稳定，开皇三年（583），隋政府把成丁年龄由十八岁提高到二十一岁，每年服役日期由一个月减为二十天，调绢一匹由原来的四丈减为二丈。开皇十年（590），又规定五十岁以上一律免役收庸（用布帛代替力役）。租调徭役减轻，对于提高农民的生产热情，促进农业生产的发展，能起一定的积极作用。

3. 整理户籍。 从汉末以来，大族豪强地主占有大量的土地和农民，他们隐匿户口，逃税漏税的很多。隋文帝即位后，为了直接控制更多的土地和劳动力，以便增加税收，打击豪强大族的势力，命令州县编制乡党闾保，整顿户籍，清查户口，凡属堂兄弟以下都要分别立户，不准隐瞒。河北、山东一带，隐匿户口的现象特别严重。隋政府整顿户籍首先便以这一地区为对象。583年，隋政府下令在全国实行户口大检查，结果有四十多万壮丁、一百六十多万人口，新编入户籍。这一措施，对于巩固中央集权，限制逃税漏税，促进农业生产发展，都是有利的。

此外，隋政府还在革除弊政、划一制度、打击大族豪强地主等方面，做了许多其他有益的工作。例如，南北朝时，郡县的设置既滥且多，冗员充斥，大量官吏的薪俸开支是农民的沉重负担。

隋政府合并了许多州县，裁汰了一些冗官，从而节省了一些开支，在客观上多少减轻了农民的负担。隋文帝很注重提倡节俭，他个人的生活也比一般帝王较为简朴，这虽然不能直接增加生产，但提倡节俭，对于社会财富的积累是有好处的。

据记载，隋朝初年，社会经济有很大发展，出现了"人庶殷繁"（百姓多而且富有）的景象。显然，这与当时全国统一以及隋政府采取各项有效措施是有一定关系的。

（张习孔）

02

隋朝的崩溃

604 年，隋文帝死，他的儿子杨广继承皇位，这就是隋炀帝。

隋炀帝是历史上著名的暴君。继位的第二年（**大业元年，605**），他便下令强迫人民给他营造显仁宫（**在洛阳市附近**）和西苑（**也在洛阳市附近**）。为修筑、布置显仁宫，长江以南、五岭以北的各种奇材异石，以及全

▲ 隋炀帝杨广像（中）

国各地的各种珍禽奇兽等，都被强征到洛阳。西苑的规模异常宏大：周围有两百里，苑内挖有人工海和渠，海中堆有蓬莱、方丈、

瀛洲诸山，高出水面一百多尺，山上筑有台、观、殿、阁，十分华丽；沿渠有十六院，院中树木秋冬凋落时，则用各色绫罗剪成花叶，缀在枝上，水池内也用彩色绫绢做成荷、芰（jì，菱的一种）、菱、芡（qiàn，一年生水草），表示四季常青。据记载，隋炀帝在位，"无日不治宫室"，自长安至江都（今江苏省扬州市），便有离宫（皇帝经常所住宫殿以外的宫室）四十余处。

从大业元年到大业十二年，隋炀帝曾三次巡游江都。巡游的目的，主要是想凭借皇帝的威力，在政治上对江南地区人民的反抗起镇服作用，但是也带有很大程度的游玩享乐成分在内。每次出游，耗费的财力物力，实在无法计算。以第一次巡游为例：早在好几个月前，隋炀帝就派人往江南监造龙舟及各式杂船，以备应用。龙舟高四十五尺，长二百尺，分四层：上层有正殿、内殿、东西朝堂；中间两层有一百二十个房间，都饰以金玉锦绣；下层为内侍所住。其他船只虽较龙舟为小，装饰也极为豪华。605年秋天，隋炀帝带着皇后、妃嫔、文武百官以及大批和尚、

▲ 隋炀帝赏琼花

尼姑、道士、侍役、卫队，从显仁宫出发，分别乘坐小船自漕渠出洛口（**洛水入黄河之口**），然后改乘龙舟及其他各类船只，前往江都。大河中，船队相接，首尾二百余里，共用挽船夫八万余人。两岸有骑兵随行护卫，蹄声动地，旌旗蔽野。巡游队伍所过之地，五百里内的百姓都得贡献食物。

隋炀帝做皇帝十四年，经常巡游在外，留在京城的时间，总共加起来还不足一年；而每次巡游，跟随的妃嫔、宫娥等人，"常十万人"，需用的食物用品，都要地方州县供给，实际的负担都落到人民头上。广大人民在这种繁苛的征敛和役使下，苦不堪言。

隋炀帝在位期间，为了进一步加强中央对地方的控制和方便搜刮江南财富，隋政府曾先后役使数百万民夫，利用前人经营的基础，开掘了通济渠、山阳渎、江南河、永济渠等人工河道，完成了

▲ 清人绘京杭大运河江南部分

贯通祖国南北的大运河工程。这条运河的开掘，隋朝人民以及隋以前和以后历朝的人民，都贡献了力量。尽管隋朝统治者下令开掘运河的目的是维护统治阶级的利益，然而从客观上的效果来讲，在古代很长一段历史时期内，这条运河对祖国南北物资的交流和社会经济的发展，曾起过极其重要的作用。

（易惠中）

隋末农民起义

　　隋朝末年，隋炀帝的统治更加残暴，广大人民不堪痛苦，纷纷起义。大业七年（611），山东邹平人王薄，首先举起了反隋的旗帜。不少农民响应了王薄的号召，跟随他一道起义。他们占领了长白山（在今山东省邹平市东南），到处攻打官军。不久，各地农民也接着起义，农民战争的大风暴迅速席卷了全国的大部分地区。

　　自611年到618年，隋末农民战争共历时八年。这八年，大致可以分为三个阶段。从611年到614年，为第一阶段。在这一阶段，农民军由于缺乏训练和装备，加上各支队伍分散作战，彼此未能很好联系，以致在对敌斗争中，暂时处于劣势地位；但是另一方面被推进穷困深渊的农民大批参加起义军，因此农民起义的队伍反而在局部失败中一天天更加壮大起来。从614年到616年，为第二阶段。在这一阶段，农民军不仅在山东、河北一带巩固了自己的据点，夺取了一些重要的城市，并且还在江淮地区取得了很大的胜利；而隋朝封建统治者由于不断受到农民军的沉重打击，这时已无法再维持其原有的军事优势，起义军的力量已逐渐发展到了和隋军接近平衡的地步。从616年到618年，为第三阶段。在这一阶段，隋军的力量日益微弱，农民起义军在军事上完全转入了主动地位，隋政权日益走向崩溃，以致最后覆灭。

根据史书的记载，隋末农民起义大约有一百二十余处。各路起义军逐渐汇合，后来形成了三个最强大、最著名的军队，这就是河南的瓦岗军、河北的窦建德军和江淮之间的杜伏威军。

瓦岗（在今河南省滑县南）军的最初领导人是河南人翟让。后来，单雄信、徐世勣（jì）等人都来参加起义。616年，李密也投奔到瓦岗军来。李密很有才干，他加入瓦岗军后，一面劝翟让明确地提出反抗隋朝暴政的口号，一面亲自去劝说各地起义领袖加入瓦岗军。瓦岗军的势力迅速壮大起来，成为当时最强大的一支农民武装力量。

616年，瓦岗军攻下了金堤关（在今河南省滑县东）和荥阳（今河南省荥阳市）附近各县，隋炀帝派大将张须陀率兵前往镇压，瓦岗军埋伏在荥阳大海寺北面的树林里，隋军中了埋伏，被杀得大败，张须陀自杀。617年，瓦岗军一举攻下今河南巩义附近隋的著名粮仓——洛口仓，并且开仓放粮，赈济百姓。附近人民扶老携幼前来领粮，他们对瓦岗军一致表示感戴。瓦岗军发展到几十万人，河南的郡县大多被他们占领。

瓦岗军攻占洛口仓后，隋朝大为震恐，派刘长恭、裴仁基领兵前来堵击，两军在石子河（今巩义市东南）会战，隋军大败，裴仁基率领部下秦琼、罗士信投降瓦岗军。经过这几次胜利，李密被翟让等推为瓦岗军的领袖。617年年底至618年年初，瓦岗军大败隋将王世充军。东都（今河南省洛阳市，是隋炀帝为了加强中央对地方的控制而建立的一个新都）几乎被瓦岗军围困住。在推翻隋朝统治的过程中，瓦岗军起了重大的作用。《隋唐演义》和《说唐》两部小说中所写的瓦岗寨故事，就是以瓦岗军历史素材作为依据的。不过，小说又进行了许多渲染和虚构，因此和历史真实情况有很多地方不同。

▲ 清·佚名《秦琼门神像》

窦建德领导的起义军，活动于河北一带。616年，他曾以七千人大破隋军郭绚部，"杀略数千人，获马千余匹"。617年，当瓦岗军进逼东都时，隋炀帝命薛世雄率领河北三万精锐援救东都，窦建德侦知消息，在河间大败薛世雄军，河北郡县大部被窦建德乘胜攻下。

在江淮一带，杜伏威领导的起义军，势力最大。617年，杜伏威率军打败了隋将陈稜的军队，占领了江北广大地区，又占据了历阳（今安徽省和县）作为根据地。江淮之间的小支起义军，大多聚集在杜伏威的周围。隋的军事重镇江都受到了严重威胁。

在以上几支起义军的打击下，隋军只能困守长安、洛阳、江都几座孤城，号称"甲兵强盛"的隋朝统治，实际上已经土崩瓦解。

（曹增祥）

贞观之治

617年，关中大地主李渊利用农民起义蓬勃发展、隋政权走向崩溃的形势，在太原起兵。关中的地主纷纷起来反隋，响应李渊，他们的武装队伍配合李渊的军队，包围了长安城。接着，李渊的军队攻占了长安。618年，隋炀帝在江都被部将杀死，李渊在长安做了皇帝，国号唐。

▲ 唐高祖李渊像

在八九年的时间里，唐军先后消灭了各地的起义军和割据势力，统一了全国。626年，李渊把帝位让给了次子李世民，李世民就是历史上有名的唐太宗。从贞观元年（627）到贞观二十三年

▲ 唐太宗李世民像

（649），是唐太宗统治的"贞观"时期。在这一时期里，政治比较清明，社会经济得到迅速的恢复和发展。这种经济上的恢复和政治上的相对安定，就是历史上有名的"贞观之治"。

"贞观之治"的出现，根本原因是由于唐太宗和他的大臣们吸取了隋末农民起义的严重教训。唐太宗曾对大臣们说："一个好皇帝，必须让老百姓能够活下去。"曾经参加过瓦岗军的大臣魏徵也曾对唐太宗分析过隋朝灭亡的原因，说："隋炀帝无止境地役使人民，人民为了活下去，不得不起来反抗，隋政权就土崩瓦解了。"

基于这种认识，唐统一全国后，为了巩固封建政权的统治，就实行了一系列对农民让步的措施。624年，唐政府下令实行均田制和租庸调制。规定：在地多人少的地方，每个十八岁以上的男子，受田一百亩，其中八十亩在年老或死后要归还政府，二十亩不需归还。受田的农民从二十一岁到六十岁，每年要向政府缴纳米二石（叫作"租"），绢二丈、绵三两（叫作"调"），服劳役二十天。不服役的要用绢代替（叫作"庸"）。这些措施，使农民获得了一定数量的耕地。政府按照规定征收租庸调，又注意不在农忙季节征发，这就对于农业生产的恢复和发展起了积极的推动作用。

贞观时期，吏治也比较清明。在精简机构方面，如对中央官员的裁减和对地方州县的归并，唐政府都做了很多工作。唐太宗很注意地方官吏的人选，他曾经把地方最高军政长官的名字写在屏风上，谁做了善事或恶事，就在他们的名下记上一笔，以便作为升降职位的参考。贞观八年（634），唐太宗又派李靖等大臣到全国各地去巡察，升迁廉吏，惩罚贪官。唐太宗还很注意提拔人才，他重用了一批出身于较低阶层的人，如魏徵、戴胄、张玄素等。这些人都敢于说话，经常纠正太宗的过失，并且经常拿隋朝灭亡的教训来提醒太宗不要重蹈隋亡的覆辙。此外，唐太宗时的著名贤相房玄龄、杜如晦，在订立制度、整顿吏治方面，也起了重要的作用。

由于封建剥削较前减轻，政治比较清明，贞观年间，社会生产得到了一定的发展。贞观初年，全国户数为二百多万户，到太宗死后不久，便增加到三百八十万户。牲畜也繁殖起来，甚至是"牛马布野"。

贞观年间，由于国家政权日渐稳固，唐朝的国防也比较巩固。当时北方的东突厥很强盛，东突厥的骑兵经常侵入唐的北方边境，破坏生产，抢掠人口和牲畜。贞观四年（630），唐军打败了东突厥，解除了唐朝北方边境的威胁，使人民能够在这些地方进行正常生产。

（张习孔）

魏徵

魏徵是我国历史上的名臣，在唐太宗时，当过侍中（宰相）等官。他曾先后规劝唐太宗二百多事，对巩固唐朝的封建统治，起到过重要的作用。

贞观六年（632），唐太宗在群臣的怂恿下，准备到泰山进行所谓"封禅"（祭祀天地）大典。这个大典是从秦始皇以来许多

▲ 魏徵像

帝王最喜欢玩弄的一套把戏，统治者企图用这个迷信的活动来麻痹人民，达到加强封建统治的目的。魏徵进谏说："自从隋末以来，山东州县残破得很厉害，皇帝车驾出行，必然要跟随大批官吏和卫队，这样不仅浪费许多人力、物力，并且要给沿途州县人民带来极大的痛苦。"他坚决劝阻唐太宗东封泰山。魏徵的话，引起了太宗对隋朝灭亡的回忆，他因而取消了这个计划。

贞观八年（634），唐太宗下令修复洛阳宫殿。陕县令皇甫德参上书，认为太宗大兴土木，是劳民伤财。皇甫德参还劝阻唐太宗苛敛百姓，并且指出，当时妇女流行梳很高的发髻，是一种很不好的风气，这是宫中传出来的。唐太宗认为皇甫德参有意诽谤自己，恼怒地说："这人要国家不役使一个人，不收取一文租，宫女都没有头发，才称心满意呢！"魏徵知道了，谏阻太宗说："自古以来，做臣下的上书，言语激切是不可免的。因为不这样，便不能打动皇帝的心意。"太宗听了，很是感悟，不但没有责罚皇甫德参，反而赏赐给他绢帛二十匹。

魏徵曾告诉太宗"兼听则明，偏信则暗"，希望太宗处理问题时倾听多方面的意见，不要只听一面之词。他不断劝太宗"居安思危，慎终如始"。贞观十三年（639），他非常激切而诚恳地写了一个书面意见给太宗，说太宗不像贞观初年那样能够坚持俭约朴素，那样体恤百姓，那样孜孜求治，那样虚心听取意见了。唐太宗读了魏徵的意见以后立即说："我现在知道我的错误了，我愿意改正。"

魏徵经常积极地给唐太宗提意见，要唐太宗吸取隋末农民起义的教训，不要过重地剥削和压迫人民。唐太宗把魏徵比作一面镜子，认为通过他可以发现自己身上的缺点。魏徵死后，太宗对大臣们说："我从此失去一面镜子了！"

（张习孔）

06

文成公主

　　7世纪初，青藏高原上兴起了一个强盛的吐蕃王朝。这个王朝的赞普（藏语称国王为"赞普"）松赞干布是一位有雄才大略的英雄人物，他统一了高原上的许多部落，把都城迁到逻些（今西藏自治区拉萨市），励精图治，为吐蕃的多方面发展创造了条件。

　　唐太宗即皇帝位以后，松赞干布为了加强和唐朝的友好关系，曾经几次派遣使臣，带着贵重的礼物到长安向唐王室请婚。唐太宗最后接受了他的请求，答应把宗室女文成公主嫁给他。直到今天，藏族民间还流传着许多关于请婚和许婚的动人故事。有这样一则流传比较广的"五难婚使"的传说。

　　吐蕃派到长安来请婚的正使是聪明机智、很有才干的大相噶·东赞，唐太宗向噶·东赞提出了五件难做的事，并且把做好这五件难事作为迎娶文成公主的条件。这五件难事中的第一件便是要把一百匹母马和一百匹马驹的母子关系，分别地寻认出来。

噶·东赞灵活地运用了吐蕃人民在牧业生产方面的知识，他先把母马和马驹分别圈起来，并且暂时断绝了马驹的草料和饮水供应，过了一天，再把母马和马驹同时放出来，一百匹马驹很快地认出了自己的母亲，偎依不离，难题被顺利地解决了。第二件难事是要把一条绵软的丝线穿过一个孔道很细的九曲明珠。聪明的噶·东赞先将一条马尾鬃拴在一只蚂蚁的腰部，再把蚂蚁放进九曲明珠的孔内，然后，用嘴不断向孔道里吹气，一会儿，这只蚂蚁便拖着细细的马尾鬃从明珠另一端的孔中钻了出来；这时，再把丝线接在作为引线的马尾鬃上，只轻轻一拉，丝线便穿过了九曲明珠。难题又被顺利地解决了。就像这样，接连的五件难事都被噶·东赞分别解决，唐太宗非常高兴，允许把美丽、智慧的文成公主嫁给吐蕃赞普松赞干布。这个传说虽然不一定是历史事实，但是它生动地反映了汉藏两族人民在历史上的亲密关系。

贞观十五年（641），文成公主由唐朝礼部尚书、江夏王李道宗护送西行。松赞干布亲自到柏海（在今青海省境内）去迎接，并以女婿的礼节和李道宗相见。文成公主到逻些时，吐蕃人民穿着节日的盛装，热情洋溢地迎接了这位远道而来的联络汉藏民族友谊的赞蒙（藏语称王后为"赞蒙"）。为了尊重汉族的风俗习惯，松赞干布还特地在逻些为文成公主修筑了居住的宫室。

松赞干布和文成公主联姻以后，吐蕃和唐朝之间的亲密友好关系有了很大的增进。太宗死后，唐高宗继位，又以松赞干布为"驸马都尉"，封"西海郡王"。松赞干布为了表示对唐太宗逝世的哀悼，还遣使来朝，向太宗的陵墓备礼致祭，同时上书表示效忠唐室。

文成公主嫁到吐蕃的同一时期，中原地区的农具制造、纺织、缫丝、建筑、造纸、酿酒、制陶、碾磨、冶金等生产技术，和历算、医药等科学知识也传入了吐蕃。藏族人民传说，文成公主带到吐蕃去的粮食、蔬菜的种子有成百上千种，随行的工匠有五千五百人，带去的牲畜有五千五百头。这些传说的数字虽然不见得确实，但反映了这一时期中原地区的先进文化大量传入吐蕃的历史事实。应该说，这种先进文化的传入，对当时吐蕃的发展起了很大的促进作用，也对以后藏族经济、文化的发展有深远的影响。

　　文成公主在唐高宗永隆元年（680）逝世，她在吐蕃生活了近四十年。由于文成公主对吐蕃社会的进步和发展做出了贡献，因此她的事迹在广大的藏族地区是家喻户晓的。今天，藏族人民还能根据先辈口传，指出文成公主曾在哪些地方教过藏族妇女纺织，在哪些地方刺绣过佛像。藏族妇女都说她们的纺织技术是文成公主传授下来的。她们在讲述这些故事时，对文成公主很是感激、怀念。藏族人民对于文成公主是十分崇敬的。她经过的地方，一直被认作圣洁的所在。而且，藏族人民还特地规定了两个节日来纪念她。藏族的历史也用了大量的篇幅来记载她的事迹。直到现在，拉萨市的布达拉宫和大昭寺内，还供奉着松赞干布和文成公主的塑像；布达拉宫里，还保存着她和松赞干布结婚时的洞房遗迹。

　　松赞干布和文成公主的联姻，说明早在7世纪时，汉藏两族人民就已经建立了血肉相连的亲戚关系，以及极其密切的政治、经济、文化等方面的频繁往来关系。

（王辅仁）

武则天

武则天，名曌（zhào），是我国历史上唯一的女皇帝。唐高宗（唐太宗的儿子）即位不久，她做了皇后。高宗病死后，她以皇太后身份临朝执政。690年，她六十七岁，改国号唐为周，加尊号称"圣神皇帝"。从三十二岁做皇后时开始参决政事起，到八十二岁病逝止，她前后掌握政权达

▲ 武则天像

五十年。由于她晚年的尊号称"则天大圣皇帝"，所以历史上叫她武则天。

武则天自临朝执政时起，就遭到了许多皇室贵族的反对。为

了压制这些政治上的反对派，培植自己的势力，巩固自己的政权，她发展了科举制，增加了每次考取的名额数；除考选文官外，还考选武官。这样，就为一般地主阶级有更多的机会参加政权在客观上创造了有利条件。

在唐高宗还活着的时候，武则天曾经向高宗提出减轻赋税、振兴农桑、消除兵灾、节省徭役、广开言路等许多有利于国计民生的建议。684 年，她下令各地方官奖励农桑，如果做到"田畴垦辟，家有余粮"，就可以受到奖励、提升官位。如果"为政苛滥，户口流移"，就要受到贬降处分。

为了广泛延揽人才，武则天常常要求各级官吏把有才能的人推举出来，并且还允许有才能的人自荐，而加以破格任用。例如，她听说王及善有才干，便决定让他出来担任地方官。当召见时，她发现王及善果然有很好的政治见解，便又改变主意，把他留在中央，参与朝廷大计。

武则天在政治上很重视接受臣下的意见，她命令大臣们对朝政得失大胆地提出批评。在她所铸造的四个铜匦（guǐ，就是铜匣）中有"招谏"一匦，就是专门为了听取臣下的不同意见而设的。狄仁杰是武则天时的宰相，也是当时最有胆识的政治家，他曾对武则天提出过许多建议和批评，诸如有关宽减刑狱，减轻徭役，惩办不法的大臣等，都被武则天欣然接受。

武则天统治时期，政治是比较清明的，社会经济是继续向上发展的。不过在这里，也应该指出：武则天大造佛像、佛寺，给生产带来了一定损失。她的破格用人，总的来讲，意义很大，但她信任像薛怀义那样"用财如粪土"的人，也在政治上造成了很不好

▲ 唐·张萱《武后行从图》

的影响。

一千多年来，由于受封建统治阶级的思想影响，人们一直存在着对武则天不正确的看法，甚至极力诬蔑她。武则天敢于冲破种种阻挠，宣布自己是皇帝，不愧是我国封建社会女性中杰出的人物。

（张习孔）

08

唐代的长安

　　唐朝在公元 7 世纪初至 8 世纪中这一时期，是世界上最富强的国家之一。唐的首都长安，不仅是当时中国的政治、文化中心，而且也是当时国际性的大都市之一。

　　唐代的长安城，位居全城北面正中的是"宫城"；宫城的南面是"皇城"；从宫城北缘东西两端向外延展，并从东、西、南三面把宫城和皇城包围起来的是"外郭城"，也叫"京城"。

　　宫城分三部分：当中为殿阁，是皇帝和大臣们议事及国家举行大典的地方；西部为掖庭宫，是皇帝和后妃居住的地方；东部是东宫，是太子居住和会见东宫官属的地方。这座宫城是隋朝原有的建筑。唐朝初年扩大宫殿，在城的东北面加建了一个大明宫。唐玄宗时，又兴建了兴庆宫。

　　皇城内南北有七条街，东西有五条街，唐朝中央政权组织各机关就分布在这一带。管理官营手工业的各个专门机构，也设在这

▲ 唐·阎立本（传）《职贡图》（此图描绘了外国使节前来中国朝贡的景象）

里。唐代官营手工业是很发达的。在长安，官营手工业作坊很多，并且分类也很细。例如"少府监"的"织染署"就掌管十个织染作坊、五个组绶（贵族官吏用来承受佩玉的一种宽丝带子）作坊、四个绸线作坊、六个练染作坊（一说"织染署"只掌管做帽子的作坊）。官营手工业作坊的工匠，是从各地征调来的。作坊的产品，只供皇室贵族用，不供一般平民用。

外郭城周围有六十七里。城中有南北十一条街，东西十四条街，一百零八"坊"。正对皇城南面的朱雀门有一条宽阔的大街，叫朱雀门街，这条街恰好把外郭城分成了东西两部，街东五十四坊，街西五十四坊。这里是老百姓和一般官吏的住宅区，也是商业区。

长安有两个著名的市场，一个是"东市"，一个是"西市"。东市在朱雀门街以东，西市在朱雀门街以西。东市南北占地二坊，

有东、西、南、北四条街。街市上有各类私营手工业作坊和出售各种货物的店铺，也有专门卖饮食的酒肆和饭店。市的四周还有许多官僚豪富开设的"邸店"，邸店是供外地的转运商客居住和存放货物的地方；直接经营邸店的人被称为"居停主人"或"牙人"，他们也替商客买卖货物，从中取利，抽取佣钱。西市的规模和交易的情况，大体和东市相同，但比东市要热闹。长安是一座很美丽的城市，街道修建得很整齐，布置得很有计划。城里有许多清池小溪，种有不少的梧桐、槐树、白杨和垂柳。特别是城东春明门至曲江一带，楼阁参差，水流曲折，景色格外艳丽；每年百花盛开的季节，这里终日有游人川流不息。

　　长安是当时全国人才集聚的地方，许多著名的学者、文学家、艺术家，都在这里长期居住过，他们在这里创作了不少优秀的作品。诗人李白和杜甫，就都在长安居住过。

唐代长安，外国商人、外侨和外国留学生很多，充分反映了长安作为一个国际性都市的特点。外商大多数集中在西市，他们有的来自今伊朗和中亚，有的来自今阿拉伯半岛，有的来自今东南亚各国。他们从远方带来香料、珠宝等货物，来长安换取中国的丝织品和瓷器，唐朝政府允许他们开展正当的贸易，给他们创造了许多方便的条件，并且还允许他们在中国开设店铺。派遣留学生到中国来学习的，主要有日本和朝鲜半岛的新罗等国。留学生来到长安，学习唐朝的政治制度、经典、文艺和科学。不少外侨和留学生，在长安一住几十年；也有许多留学生学成归国，带走大量中国的古籍经典。

通过各国商人到长安进行贸易往来，通过各国留学生到长安学习各种文化，唐朝的文化随之远传到国外。同时，唐朝也从中吸取了各国文化的长处和优点。

（易惠中）

09

安史之乱

　　唐朝高宗（649—683 在位）以来，边疆一直有重兵屯戍；从睿宗年间（710—712）开始，唐政府又陆续在边境设置了节度使；到玄宗（712—756 在位）时期，节度使已增加到十个。节度使起初只管军事，后来日渐发展成为全面掌握一个地区的军事、财政和行政大权的封建割据势力。

　　唐玄宗统治的后期，朝政先后被李林甫、杨国忠等人操持。他们骄纵跋扈，排斥异己，贪污腐化，残虐百姓，唐朝的政治日趋败坏。

　　天宝十四年（755）冬，兼领平卢（治所在营州，今辽宁省朝阳市）、范阳（治所在幽州，今北京市）、河东（治所在太原，今山西省太原市西南）三镇节度使的安禄山，利用唐政权腐朽的机会，以讨伐杨国忠为名，率所部兵十五万人，从范阳长驱南下。安禄山的军队没有遭到什么抵抗，很快地就渡过黄河，攻陷了洛

▲ 明·仇英《仿明皇幸蜀图》（安禄山作乱时，玄宗避难入蜀）

阳。唐政府临时招募起来的军队一战即溃，安禄山军逼近了潼关。唐朝朔方（治所在灵州，今宁夏回族自治区灵武市）节度使郭子仪、新任河东节度使李光弼进兵攻打河北；常山郡（在今河北省正定县一带）太守颜杲（gǎo）卿和平原郡（今山东省平原县东北）太守颜真卿也在河北起兵，袭击安禄山的后方，安禄山军的军心动摇。安禄山怕后路被切断，一度打算放弃洛阳，回军河北。但是唐政府没有利用这种有利的形势，进行有效的抵御。756年夏，安禄山的军队攻下了潼关，唐玄宗闻讯后，偷偷从长安逃往四川，走到马嵬（wéi）驿（在今陕西省兴平市）时，军士们愤恨杨国忠祸国殃民，就杀死了杨国忠，连玄宗的宠妃杨贵妃也被逼缢死。此后，玄宗逃到四川，太子李亨逃到灵武，即皇帝位，就是唐肃宗。

安禄山的军队进入长安以后，大肆烧杀抢掠，遭到人民的强烈反抗，无法继续西进。安禄山在攻陷长安以前，曾在洛阳称帝，国号大燕。肃宗至德二年（757），安禄山军的内部发生分裂，安禄山在洛阳被他的大儿子安庆绪杀死。唐军趁机反攻，并且凭借回纥（hé）兵的帮助，于这年秋季先后收复了长安、洛阳。

▲ 明·仇英《千秋绝艳图》（杨贵妃像）

肃宗乾元二年（759），洛阳再度失陷。安禄山的旧部史思明进入洛阳，杀安庆绪，自立为大燕皇帝。

肃宗上元二年（761），史思明被他的儿子史朝义所杀，史军势力渐衰。次年，唐政府再次依靠回纥兵，收复洛阳。史朝义逃往河北，他的许多部将都投降了唐朝。

代宗广德元年（763），史朝义在走投无路的情况下自杀。这场使人民的生命、财产蒙受了巨大损失的"安史之乱"才宣告结束。从此，唐朝由兴盛进入了衰落时期。

（张习孔）

黄巢起义

唐朝末年，政治异常腐败，皇帝、官吏、藩镇、僧侣、地主、富商霸占了绝大多数的土地，挥霍掉大量人民以血汗创造的财富，过着荒淫腐化的生活。农民终日劳苦，仍然是"健儿无粮百姓饥"。尽管这样，官府还是拼命催征租税，农民忍受不住，只好拿起武器进行反抗。宣宗大中十三年（859），裘甫领导农民在浙东起义；懿宗咸通九年（868），屯戍桂州（今广西省桂林市）的戍卒因久戍在外不得归家，共同推举庞勋领导起义。这两次起义虽然很快就被镇压下去，但是此后不久，王仙芝、黄巢领导的农民大起义就爆发了。

僖宗乾符元年（874）年底，王仙芝带领数千人在长垣（今河南省长垣市东北）起义。起义军发布文告，痛斥唐政府官吏贪污、赋税繁重、赏罚不平，并且打出"天补平均大将军"的旗帜。"天补平均大将军"的意思是说，受天之命为大将军来消灭人间的不平。农民纷纷响应，加入起义军。875年夏天，黄巢率领数千人在山东冤句（yuān qú，在今山东省曹县北）起义，响应王仙芝。起义军的势力更加壮大，几个月里发展到几万人。起义军从山东转战到河南、湖北、安徽一带，到处打击政府军，受到各地农民的欢迎和支持。878年，王仙芝战败牺牲，起义军由黄巢统一指挥。黄巢带领起义军在淮河流域活动了一个时期之后，为了在战略上"避实击虚"，横渡长江，进入江西和浙江一带；接着又在很短的时间里，以惊人的毅力和速度，开辟了一条七百里长的山路，进入福建。第二年夏天，起义军又攻下了广州。

黄巢到达广州后，一面休整，一面准备向北进攻。在出兵北征之前，黄巢以"义军百万都统"的名义发布文告，宣布要进攻长安，推翻唐朝的黑暗统治。广明元年（880），黄巢的起义军打到潼关，军威极盛。长安城内的统治阶级又慌又怕，百官分路逃窜躲藏，宦官田令孜仓皇地挟着皇帝逃往四川。当起义军的先锋进入长安时，唐金吾大将军（负责京都治安的最高长官）张直方率领文武官数十人到霸上投降黄巢。起义军"甲骑如流，辎重（指军用器械、粮草等）塞途，千里络绎不绝"。人民夹道欢迎，起义军对他们说："黄、王起兵，本来为的是百姓，不像李家那样不爱你们，你们安居乐业好了，一点不用害怕。"起义军一方面拿出财物赠给贫苦的人民，安抚百姓；另一方面对那些富豪、宗室和不肯投降的官吏，恨之入骨，抓到的全都杀掉，并且焚毁他们的房屋，剥夺他们的财产。黄巢在群众的拥戴下做了皇帝，国号大齐，任命百官，建立了一个新的政府。

黄巢领导的农民起义军一直流动作战，没有建立巩固的根据地。打进长安以后，又没有彻底消灭唐政府的军事力量。后来，唐政府收买了起义军的叛徒，又勾结了沙陀人，对起义军进行内外夹攻。起义军抵挡不住，为了保存力量，退出长安。又经过一年多的战斗，起义军最终失败了。

（张习孔）

11

刘知幾 杜佑

刘知幾（661—721）是我国杰出的史学家。他钻研过许多史书，阅读过大量史料。710 年，他写成了一部在我国文化史上有巨大贡献的历史批评著作——《史通》。

在《史通》里，刘知幾提出了进步的历史观，阐述了他关于编写历史书的见解和主张，并对过去的史书做出了总结性的分析和批判。

首先，刘知幾反对命定论的历史观，认为那种把历史看作不是由人创造的而是由什么天神来决定的观点，是错误的。他正确地提出，历史是人创造的，不能用命定或命运来解释。他大胆地对《春秋》和《史记》中的命定论的倾向进行了批判。

其次，刘知幾反对复古主义的历史观，认为一切把古代社会描写成为理想世界，想把历史拉向后退、恢复古代社会制度的看法和想法，都是错误的。他列举了很多材料，说明尧舜时代并不是人类最美好的时代。有关尧舜"盛世"的一些传说，实际都是不可信的奇谈。

最后，刘知幾反对曲解历史，主张要以大胆批判的精神来写历史，记事要直言不讳。他大胆地指出传统说法的不可信，指明了《春秋》的许多缺点。

此外，刘知幾还主张在编写历史时，要参考大量史料，并且要辨明真假，采用真实的史料。用他的话来说，就是要做到"博采""善择"。他主张写历史的文字要朴素生动，并力求简练。

总之，刘知幾揭露传统的历史观的某些虚伪性，主张以实事求是的态度来对待历史，这是进步的观点。在一千二百多年前，他对历史学能有这样卓越的认识，是很可贵的。他这种主张，对开阔历史学家的眼界，推动史学的发展，是有很大功劳的。

杜佑（735—812）在唐朝曾做过宰相，是著名的理财家。他是一个好学不倦的人，掌握了丰富的历史史料。他以多年从政的经验，结合历代的史事来分析当时的政治，认为要挽救政府的危机，首要的事是安民，要安民就必须薄赋税，要薄赋税就必须节省开支，要节省开支就必须精选人才、裁减官吏。为了阐明这个论点，他用了三十年的时光，至德宗贞元十七年（801），写成了《通典》这部有名的著作。

《通典》共二百卷，分为"食货""选举""职官""礼""乐""兵""刑""州郡""边防"九门。这部书对上自古代、下至唐玄宗天宝末年的经济财政制度、政治制度、典章文物制度、兵法、地理沿革、边疆民族及外国的风土习俗，都做了系统的、追源溯本的叙述和考证。杜佑极其重视经济财政措施，在"食货典"的最后，他特别对这方面做了总括性的叙述。《通典》开创了历史书的新体裁，它不但为我国制度史的编纂开了先例，而且保存了我国古代的大量文献资料。

（曹增祥）

12

李白 杜甫

唐诗在我国古代诗歌发展史上，占有崇高的地位。就现在所知，仅见于《全唐诗》一书中的诗人就有两千三百多位，流传到后世的诗篇近五万首。在这样大量的诗人群中，还出现了像李白、杜甫这样享有世界声誉的大诗人。

李白（701—762），字太白，自号青莲居士，生长于绵州彰明县青莲乡（在今四川省绵阳市北二十多里）。他是一个有政治抱负的人，常以诸葛亮等人自比。他曾因别人的推荐受到唐玄宗的征召，但唐玄宗召请他，只不过是希望他做一个歌功颂德的御用诗人，并没有使他得到实现政治抱负的机会。他鄙视那种"摧眉折腰事权贵"的生活，因此经常遭到谗言和诽谤的打击。李白在这样的境况下，在长安生活了三年，就愤然离去了。他的一生有不少时光是在漫游、漂泊中度过的，他的足迹遍及大半个中国。

李白的诗，自然、豪放、雄峻、壮美，具有真挚的感情和强烈

的艺术魅力。他写了许多描写祖国
山河壮丽的诗章。

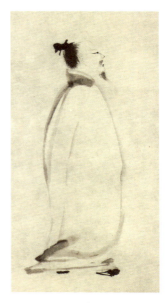

> 日照香炉生紫烟，
> 遥看瀑布挂前川。
> 飞流直下三千尺，
> 疑是银河落九天。

这是一首描写庐山瀑布的名诗。
大意讲：太阳照着香炉峰，升起了
一层紫色的云雾。远远看见一道瀑
布挂下来，从几千尺的两山之间飞
流直下，就像天上的银河把全部的

▲ 南宋·梁楷《李白行吟图》

水倾注下来一般。这是多么丰富的想象力！把庐山瀑布比作从天
上落下的银河，既说明了瀑布的磅礴气势，也形容了瀑布的美丽
姿态。

> 黄河之水天上来，奔流到海不复回！
> 黄河西来决昆仑，咆哮万里触龙门。
> 西岳峥嵘何壮哉！黄河如丝天际来。
> 黄河落天走东海，万里写入胸怀间。

这些诗，是李白对黄河千古绝唱的赞歌。诗中只用了少量的
字词，就使这条波涛汹涌、曾经孕育过祖国古代文明的伟大河流，

呈现在人们眼前，令人读后深深感到祖国的伟大、可爱。

李白还有许多抒发自己对祖国的热爱和对人民同情的光辉诗篇。他是亲身遭逢过"安史之乱"的人，国家的残破使他忧心如焚，他想起了晋朝祖逖"渡江击楫"的史事，慷慨激昂地唱出了这样的诗句：

过江誓流水，志在清中原。

他对"安史之乱"给人民带来的祸害，提出了强烈的控诉：

白骨成丘山，苍生竟何罪！

李白的诗，充满了积极的浪漫主义色彩（当然，他有些诗有时也流露出一些消极、落后的情绪，不过这绝不是主导方面），对唐代和后代的诗歌都产生过巨大的影响。唐代的著名文人贺知章，惊赏李白的诗，把他比作天上下凡的"仙人"。因此，后世人便把李白称为"诗仙"。

杜甫（712—770），字子美，生于河南巩县（今巩义市）一个没落的官僚家庭。

他在二十岁到二十九岁的十年里，曾两次到江浙、山东一带进行长期的漫游。这是他平生最快意的一个时期。这期间，他所写的诗流传下来的不多。描写泰山景色的《望岳》，是其中著名的一首。

744 年，他在洛阳见到了李白。从此，这两位诗人结下了亲如兄弟般的友谊。

746 年，杜甫怀着一颗追求功名的心，来到了当时的政治中心——长安。他在这里生活了将近十年，经常处在饥寒穷困的威胁中。长安的一切，统治阶级的豪华生活，人民群众的深重苦难，使诗人不得不对现实有所认识。诗人的思想感情逐渐靠近了人民，诗人的笔触开始从个人的忧愤感伤中伸向了广阔的现实世界。

▲ 杜甫像

755 年冬天，他从长安出发到奉先县（今陕西省蒲城县）去探望家属。路上经过骊山，他不禁万分感慨。这时，唐玄宗和杨贵妃正在骊山的华清宫过冬，尽情地歌舞欢乐，可是长安街头和其他地方此刻不知有多少人受冻受饿，同样是人，为什么会有这样大的区别呢？他刚走进家门，便听见一片哭声，原来他未满周岁的幼儿刚刚饿死。邻居都为之呜咽，做父亲的哪能不悲哀？他根据这次回家探亲的所见、所闻与所感，写了一首题为《自京赴奉先县咏怀五百字》的诗。在诗里，诗人写出了这样的名句：

朱门酒肉臭，路有冻死骨。

有钱人家酒肉堆得发臭，而穷人无衣无食，冻饿死去，这正是封建社会里剥削阶级和劳动人民两种截然不同的生活的写照。诗人的这两句诗，揭示出了封建社会的本质。

　　诗人不只是想到个人的不幸，他还想到那些穷苦无归、失业的老百姓，对他们怀着深厚的同情，把他们的痛苦当作自己的痛苦。在这同一首诗里，他写道：

　　　穷年忧黎元（百姓），叹息肠内热。

　　"安史之乱"发生后，杜甫个人的经历发生了很大的变化。他饱尝了逃亡的滋味，受尽了穷困的折磨，并且在战乱中，还曾被一支军队俘虏过。后来，他虽然先后又做了两年的小官，但不久即离开了官场，再次开始了漂泊流离的生活。759年，是他一生中最艰困的一年，也是他的创作空前丰收的一年。他的代表杰作"三吏"（《新安吏》《石壕吏》《潼关吏》）与"三别"（《新婚别》《垂老别》《无家别》），都是在这一年完成的。通过"三吏""三别"这六首诗，他描绘了凶狠的官吏抓丁服役，逼得人民家破人亡、妻离子散的惨痛情景，揭露了统治阶级的贪残暴虐，代表人民呼喊出了长期积压在心头的深沉哀痛，同时也表达了自己对国家危难深刻忧虑的心情，他劝那些防关的武将不要在敌人面前临阵脱逃，还劝那些新婚的青年暂时抛弃个人幸福，为了国家的安危赶快穿上军装，"勿为新婚念，努力事戎行"。这些诗，真实地反映了唐代由兴盛走向衰落这一历史转折过程中的社会面貌，充满了现实主义精神，把唐代诗歌在思想上的成就发展到了顶点。

▲ 北宋·李公麟《丽人行》（局部，此画以杜甫诗《丽人行》为题）

　　760年，杜甫经过千辛万苦来到了四川成都，在朋友和亲戚的帮助下，在成都浣花溪畔筑起了一座草堂，暂时得到了一个栖身的处所。在这里，他和许多农民做了朋友，和他们建立了真实的感情。大约是第二年秋天，有一次刮大风，把他草堂顶上的茅草都给卷去了，风定后接着又下起雨来，床头屋漏没有一块干处，杜甫一夜不能眠，他由自己的灾难想到了天下流离失所的人们，写下了一首动人的诗——《茅屋为秋风所破歌》。在这首诗里，诗人唱道：

> 安得广厦千万间，大庇天下寒士俱欢颜，风雨不动
> 安如山！呜呼！何时眼前突兀见此屋，吾庐独破受冻死
> 亦足！

　　怎么能得到千万间宽广的大厦，使天下的寒士在刮风下雨的日子，能住得安稳如山，个个欢欢喜喜！唉，我眼前什么时候能出现这样高耸的大厦，即使我个人的草堂独破，我个人受冻而死，也很甘心！这就是杜甫的愿望。这愿望，表明了诗人开阔的胸怀和舍己为人的高贵品质。

　　从 760 年到 765 年，这五年的时间里，杜甫在成都草堂实际只住了三年多，中间一度由于成都发生兵乱，他在外过了一年零九个月的流亡生活。765 年夏天，他离开了心爱的成都草堂。此后数年，他辗转流离到各地。最后，这位伟大的现实主义诗人，在饥饿、疾病、衰老的折磨下，在流离途中——湘江水上的一条小船里，停止了呼吸。

　　杜甫的诗，自然、朴实、气势雄浑、绚丽含蓄，具有高度的思想性和艺术性，给后世的诗歌创作带来了极为深远的影响。历代的人们，包括许多杰出的诗人在内，都把他的诗奉为学习的典范。人们都尊称他为"诗圣"，对他表示永远的纪念。

（易惠中）

13

白居易 元稹

在李白、杜甫之后的 8 世纪到 9 世纪期间，又出现了两位著名诗人，就是元稹和白居易。由于他们两人的文学主张完全一致，诗的风格又很接近，文学史上把他们两人合在一起，称作"元白"。

元稹（779—831）和白居易（772—846）认为，文学应该为政治服务，文学是一种社会斗争的工具和武器，应该有助于社会的进步和发展。白居易在他写给元稹的信（《与元九书》）中提出："文章合（应当）为时而著，歌诗合为事而作。"意思是说，文学必须反映时代，文学不能脱离政治。他们还强调诗歌的战斗作用，强调诗歌内容与形式的统一。白居易在同一封信里说："诗者，根情，苗言，华声，实义。""情"和"义"就是内容，而"苗"和"华"就是形式。白居易最能表现这个主张的诗是《秦中吟》十首和《新乐府》五十首。

▲ 明·陈洪绶《南生鲁四乐图》（白居易像）

　　比如，《秦中吟》中的《重赋》诗，描写"两税法"实行以后，贪官污吏借机加重了对人民的剥削，向人民逼税，逼得"幼者形不蔽，老者体无温"，可是官库的缯帛和丝絮却堆积如山。《买花》诗描写京城的富贵人家争买牡丹，他们根本没有想到"一丛深色花，十户中人赋"。他的《新乐府》中的许多篇，也是有意讽刺和反映现实的作品。其中，著名的如《杜陵叟》，指斥在灾荒年月里"急敛暴征"的官吏，简直如同豺狼。在《卖炭翁》里，诗人刻画了一个"满面尘灰烟火色，两鬓苍苍十指黑"的老头，穿着单衣冒着寒风，饿着肚子，驾着牛车在长安大街上卖炭，结果他的一千多斤重的一车炭竟被宦官用"半匹红绡一丈绫"强买去了。

　　白居易的诗因为能够揭露统治阶级的黑暗，道出人民的痛苦，再加上文字平易浅近，老妪能解，所以具有很大的感人力量。

元稹在文学理论上，和白居易的主张完全一致。他在做谏官时，和白居易一样写了很多讽喻诗。他非常推崇大诗人杜甫，在创作上有意识地继承杜甫的现实主义传统。元稹在诗中提出了许多深刻的社会问题，有揭露社会黑暗、讽刺横征暴敛、贪污强暴的，有反映人民疾苦、揭发阶级矛盾的，有反对穷兵黩武的侵略战争以

▲ 元稹像

及刻画商人投机取巧、唯利是图的形象的，等等。他的《田家词》反映了在藩镇割据情况下，频繁的战争给人民造成的苦难。《织妇词》写出了当时民间严重患苦的丝织贡赋："蚕神女圣早成丝，今年丝税抽征早。"《估客乐》极其深刻地揭露了商人贪财求利的本质。在诗歌的艺术性上，元稹的某些作品，往往结构比较松弛，形象不够鲜明，这一点是不能和白居易相比的。

（张习孔）

14

唐代著名书法家

唐代出现了很多书法家，其中著名的有欧阳询、虞世南、褚遂良、颜真卿、柳公权等人。

▲ 唐·欧阳询《千字文》（局部）

欧阳询（557—641），字信本，潭州临湘（今湖南省临湘市）人。他的字的特点是"骨气劲峭，法度严整"，人们认为绝妙。代表作有《化度寺塔铭》等。不少人搜集他的字迹，作为临摹的范本。传说高丽人很喜爱他的字迹，曾经有人专门来中国搜寻欧阳询的字。

虞世南（558—638），字伯施，越州余姚（今浙江省余姚市）人。他的书法主要是吸取王羲之书法的优点，再加上自己的功力，而独成一体。特点是用笔圆润，写的字结构疏朗，气韵秀健。代表作有《孔子庙堂碑》。

褚遂良（596—658），字登善，杭州钱塘人，长于楷书、隶书。他曾经下过很大功夫模拟王羲之的《兰亭帖》（真本今已失传）笔意，对欧阳询、虞世南的书法，也有很深的钻研。他的字的特点是用笔方圆俱备，写的字瘦劲秀润，气势清远。代表作有《三藏圣教序》等。唐太宗爱好书法，收集王羲之的字帖甚多，但不能辨别真假，因而慨叹说：“自从虞世南死后，再没有人能够和我谈论书法了。”魏徵听到后，就把褚遂良推荐给唐太宗。唐太宗叫

▲ 虞世南像

▲ 褚遂良像

▲ 颜真卿像

褚遂良鉴别所存的王羲之帖，真假立刻辨出。可见，褚遂良对于书法的研究是多么精到。

颜真卿（709—785），字清臣，京兆万年（今陕西省西安市临潼区西）人。他在我国书法史上占有特别重要的地位。他的字从根本上改变了过去的风格面貌，其特点是把篆书的中锋和隶书的侧锋结合起来，运用到楷书书法上。用笔匀而藏锋，内刚劲而外温润，字的曲折处圆而有力。代表作有《颜氏家庙碑》《麻姑仙坛记》等。很多人写字喜欢学颜真卿，南宋时陆游就说过，学字应该先从学颜入手，可见世人对颜字多么重视。

柳公权（778—865），字诚悬。他的字汲取了欧、颜之长而自成一体。下笔斩钉截铁、干净利落，写的字谨严而又有开阔疏朗的神致。代表作有《玄秘塔碑》等。

（曹增祥）

15

唐代著名画家

　　初唐时期，最有名的画家是阎立德、阎立本弟兄。他们俩都擅长写生和画人物。阎立本画过《秦府十八学士图》和《凌烟阁功臣图》，此外，还画过《唐太宗御容图》和《历代帝王图》。其中，《历代帝王图》至今尚留存。后人对他的画评价很高。

▲ 唐·阎立本《步辇图》

盛唐时期的著名画家有吴道玄（字道子）、李思训（字建见）和王维（字摩诘）等。

　　吴道子年轻时绘画就有盛名。他少年时期，曾向张旭、贺知章学过书法，学书没有成就，后来才改学绘画。他早期的作品行笔纤细，中年以后行笔磊落。他画的人物、神鬼画，都非常生动传神。

　　吴道子除人物画外，还擅长山水画。据说，唐明皇（唐玄宗）在天宝年间（742—755），忽然思念起蜀道嘉陵江山水，就叫吴道子来画。仅仅用了一天工夫，他就把嘉陵江三百里山水全部画完，

▲ 唐·吴道子《天王送子图》（局部）

笔法洒脱秀拔，构成一种写意派的风格。

李思训是唐朝的宗室，是初唐、盛唐之际的人，开元（713—741）中曾做过右武卫大将军，人们都称他为"大李将军"（李思训的儿子李昭道也是画家，人们称之为"小李将军"）。传说天宝年间，他曾和吴道子一起被唐玄宗召到大同殿画嘉陵江山水图。吴道子只画了一天就完成了，而他却画了几个月才画好。两个人所画的都是真实景物，吴是用概括的画法，从画中只令人得到一个概念，而李画具体细致，风格属于工笔类。据有关记载，李思训死于开元八年（720）以前，故绝不可能在天宝年间作画。传说他和吴道子一起在大同殿画嘉陵江山水，是不可靠的。但这个传说反映了他们两人画风的不同，就这点来论，传说的本身是有意义的。

吴道子画的特点，在于有大胆革新的精神。他的画运用了凹凸法，有立体感。他作画，不但要求形似，而且要求神似，因此他抛弃了工笔的画法，采用了疏笔的画法。李思训的画是以大青绿钩金线绘成，带有富贵气象。他的画派是代表贵族的，这是他画风的特色。

王维是一个诗人，也是一个画家，诗画都非常好。他的诗富有浓厚的画意，叫人一读起就能联想出一幅美丽的画面，如"大漠孤烟直，长河落日圆""明月松间照，清泉石上流"等句，即是例子。

王维所画的水墨山水画，山色平远，别有风致。他画的《辋（wǎng）川图》最有名。《辋川图》中山谷错综，云水飞动，笔调清新洒脱，妙趣横生。王维所绘的画，多从自然景物方面取材，他的画题多是"雪景""晓行""捕鱼""雪渡""村墟"等，充满了

▲ 明·仇英《辋川十景图》（局部，仿王维《辋川图》）

抒情的田园恬淡和林谷幽深的情调。他的画风和诗风是和谐一致的。他喜欢画泼墨山水画，这种画在色彩上、风格上与内容都很和谐。看了他的画，就像读了一首清新俊逸的诗一样。苏轼说他"诗中有画、画中有诗"，实在是很中肯的。

盛唐（唐代兴盛时期）、中唐（唐代中期）之际的重要画家有张萱。他的仕女画造诣很高。他画的《捣练图》和《虢国夫人游春图》，都有宋徽宗的摹本传世。

稍晚于张萱的另一重要画家周昉，也是盛唐、中唐之际的人。他的画是张萱画的发展，代表作有《簪花仕女图》。他的画的特点

▲ 唐·周昉《簪花仕女图》（局部）

是设色浓艳而不俗，线条干净而有力。他所画的妇女身上披的轻纱，叫人看了有薄如蝉翼、玲珑剔透的感觉。

（曹增祥）

16

唐代著名的雕塑家、音乐家、舞蹈家

唐代的雕塑以人物像为主。洛阳的龙门石窟，今天还保留着不少唐代人物造像。西安的华塔寺也有不少唐代的石像。

唐朝最著名的塑像大师首推杨惠之。杨惠之是玄宗时人，曾跟随吴道子学过画。他塑造的人像线条分明，轮廓清楚，仪态大方，栩栩如生。传说他曾经塑造过一个艺人像，放在长安大街上，塑像脸

▲ 唐代雕塑彩绘木天王俑

▲ 唐·周昉《调琴啜茗图》（局部）

朝里，背对着行人，行人竟以为是真人，有的还跑了过去想和塑像讲话。

音乐在唐代也很盛行。唐时音乐人才辈出，其中有中原内地的音乐家，也有来自新疆等边区地方的音乐家。

在长安城里居住的曹保一家人，都是弹琵琶的能手。不但曹保本人能弹一手优雅动人的琵琶，他的儿子曹善才、孙子曹纲，也都以弹琵琶出名。他们教了很多徒弟，在长安很受人们欢迎。

从新疆来长安的著名音乐家有裴神符和白明达。裴神符是疏勒（今新疆维吾尔自治区疏勒县一带）人，贞观年间（627—649）曾在长安充当乐工。他会弹奏各种乐器，尤以弹奏琵琶最出名。

白明达是龟兹（今新疆维吾尔自治区库车县）人，他擅长演奏龟兹乐器，唐高宗时，曾把他请到宫廷中表演过，他的技艺博得了大臣们的赞赏。

在唐朝的音乐家中，还有不少是善于吹觱篥（bì lì，龟兹乐器，近似唢呐）和笛子的。有一个名叫安万善的乐人，砍伐了南山的竹子做成觱篥，吹奏起来，各种音调并发，非常和谐。还有一个叫李謩（mó）的乐人，善于吹笛，他吹奏的《凉州曲》很出名。传说他有一次吹《凉州曲》，曲终时，一位叫独孤生的听众，跑来问他："你吹的笛子真好听，但声调中夹杂有龟兹的音调，你一定有龟兹的朋友吧？"李謩告诉他，他的师父就是龟兹人。在唐代，兄弟民族的音乐对汉族音乐的影响真是巨大啊！

长于舞蹈的人在唐代原来很多，但传名至今的却很少。有一个女舞蹈家名叫公孙大娘，舞得最出色，尤善于舞剑器。她跳起舞来，姿态非常优美，她的舞技高出古时一般表演的人。长安有钱人家在举行宴会时，都少不了约她来舞蹈。杜甫在少年时就曾观看过她的舞剑，认为她舞的剑非常美

▲ 唐代红衣舞女壁画（1957 年陕西西安执失奉节墓出土）

妙，给人印象十分深刻。在大历年间（766—779），他又观看过一次公孙大娘的弟子李十二娘舞剑，很欣赏她的高妙技艺，经过询问，才知道她的本领是从公孙大娘那里学习来的。

（曹增祥）

17

孙思邈

孙思邈是隋唐时代杰出的医学家，京兆华原（今陕西省铜川市耀州区）人，生于隋文帝开皇元年（581），死于唐高宗永淳元年（682），活了一百零二岁。他著有《千金要方》和《千金翼方》两部有名的医学巨著。在这两部书中，他不但吸收采纳了前人医学著作的精华，同时，自己还有重要的发明，提出了不少新的医学理论和医病方法。

孙思邈特别注意发扬我国古代医师行医的优良传统和作风。他强调指出：给病

▲ 孙思邈像

人治病，不可有贪求财物和顾虑声名的杂念；不论昼夜寒暑、饥渴疲劳，都要一心一意地替病人诊治病症。

孙思邈在医药学上的重大贡献有以下几方面：

首先，他在医疗营养不良的病症方面，总结并发展了前人的方法。人们都知道缺乏维生素 A 要患夜盲病，缺乏维生素 B 会引起脚气病，缺乏碘质甲状腺就要肿大，造成所谓的"大脖子病"。但是人们了解这些知识，只不过是近几百年的事。欧洲人第一次论述脚气病是在 1642 年。孙思邈由于善于总结人民群众的经验，并有丰富的临床经验，早在 7 世纪时，就说：患夜盲和脚气病，是由于饮食中缺乏必要的营养，患大脖子病是由于长期饮用山区里一种不好的水造成的。对于夜盲病，他用富含维生素 A 的动物肝脏，如羊肝、牛肝、猪肝等去治疗。对于脚气病，他主张人们用谷白皮（*椿树皮*）煮粥吃来预防，或用杏仁、防风、蜀椒给病人治病，这些都是含有维生素 B 的东西。治疗大脖子病，他常用羊或鹿的甲状腺作药物，或用含碘质丰富的海藻、昆布（*海带*）来医疗，效果十分显著。当时孙思邈虽然还不懂得什么是碘、维生素等这些物质，但他能采取正确的医疗方法，这是难能可贵的。

其次，他很注重疾病的预防工作和妇幼卫生。他主张人们应以防病保健为主，平时要注意卫生，不要随地吐痰。要常劳动，但不要过分疲劳。要吃熟东西，吃时要细嚼缓咽，而且不能吃得过饱。睡眠时不要蒙被子，饭后要漱口，以保身体健康。这种以预防保健为主的医学主张，是十分先进的。

他很重视妇女和小儿的疾病，主张把小孩病和妇女病分科。他在自己的著作中曾提出对孕妇的健康要注意，不要使她受惊，临产时要使孕妇安静，接生的人和家人都不应有忧愁惊慌的表现。婴儿生下要立刻除去口中污物，刚出生的婴儿如果不哭，要用葱白轻轻敲打，或对口吹气，或用温水给他沐浴，直到哭出了声为止。他主张要让小孩时常晒太阳，吸收新鲜空气。这些主张都很合乎科学原理。对于难产病、产后并发症，他也有独到的医疗方法。

此外，孙思邈在医治一些疑难重症方面，以及积累针灸治疗经验等方面，也有不少的贡献。

由于孙思邈在医药学方面有杰出的贡献，又富于救死扶伤的精神，所以他一直受到广大人民的崇敬。后世人都尊称他为"药王"。直到今天，陕西耀州还有孙思邈的祠堂，祠里有他和他父母的塑像。

（曹增祥）

玄奘取经

玄奘，俗姓陈，河南缑（gōu）氏（今河南省偃师市）人。他在青年时，读过很多佛经译本，并且到过长安、成都等许多地方，向著名的法师问过道。但是他感到许多佛教的理论问题还不能很好地解决，于是决心出国到印度等地去游学。

当时是唐太宗贞观三年（629），唐朝和西突厥的关系还比较紧张，唐政府禁止人民从西北地区出境，玄奘一再申请到印度，都没有得到批准。他志向坚决，就独自一人西走。在过玉门关后经过大沙漠时，几乎因缺水死去。到高昌时，高昌王麴（qū）文泰留他讲经，想让他住下来。他拒绝了，继续往西走。他战胜了沿途的高山峻岭、飞沙走石、荒坡野林、毒虫猛兽、暴客侦卒、关卡国界等困难、障碍和危险，穿过了现在我国的新疆、中亚地区、阿富汗、巴基斯坦，到达了印度。

当时印度最主要的佛教学术中心是那烂陀寺（今印度比哈尔邦

伽雅城西北），玄奘在那里跟随庙中地位最高、学问最好的戒贤法师学习。此后，他继续到各处游历求学。所有印度著名的学者，他几乎都请教过。他的足迹几乎遍及整个印度和巴基斯坦。有一次，他在曲女城（今印度北方邦雷利城）学术辩论大会上宣读论文，进行论辩，这个大会有十八国的国王和无数的各派学者参加，大家都很佩服玄奘学问的精深。玄奘在印度和巴基斯坦不仅以自己的学说丰富了佛教哲理，同时也将我国人民的友谊和文化带给了印度和巴基斯坦

▲ 宋·佚名《玄奘负笈图》

人民。他回国后，又把中国古代的重要哲学著作——老子的《道德经》——翻译成梵文（印度古文字），介绍给印度。

贞观十七年（643），玄奘携带了他历年寻访所得的佛经、佛像等，离开印度回国。贞观十九年（645）正月，玄奘回到长安。从这年春天起，他便专心一意地开始进行佛经的翻译工作。经过将近二十年的辛勤劳动，玄奘把梵文佛经七十五部（总计一千三百三十五卷）译成了汉文。此外，玄奘的《大唐西域记》

十二卷，还翔实地记载了当时唐朝国境以西的一些国家的历史本末、风土人情、宗教信仰、地理位置、山脉河流、生产情况等。这部书成为研究这些地方和国家的古代历史以及当时的中西交流的宝贵资料。

（张习孔）

19

敦煌艺术

  在现在甘肃省敦煌市东南四十多里的地方，耸立着一座陡壁悬崖，崖壁上分三四层排列着像蜂窝一样的洞窟。这就是举世闻名的莫高窟，也叫千佛洞。

  敦煌很早就是我国跟中亚、西亚文化交流的要地。大约从 4 世纪到 14 世纪的一千多年间，人们在这个长约三里的莫高窟开凿了一千多个洞窟。现在完好保存的有四百八十多个，其中十分之七是隋唐五代时开凿的。洞窟里保存到现在的塑像有两千多个。如果把那里面的壁画一一连接起来，长度可达五六十里。

  敦煌莫高窟里面的彩塑，最大的高达三十三米，和北京的前门楼高度一样。这些巨大彩塑都是石胎泥塑的，在凿窟时就把佛像的体形轮廓凿出，然后在外面再加泥塑。一般小的彩塑则是用泥做胎的。

  彩塑一般都是佛、菩萨、弥勒的塑像，也有力士的塑像。这些塑像栩栩如生，精神焕发，如第194窟里的菩萨塑像，面庞圆润，眼睑低垂，嘴微微张开，露出妩媚的微笑，与其说它是神像，不如说是我国美丽妇女的造像。同窟的力士像，则昂头张嘴，肌肉紧张，青筋暴露，活现出威严勇猛的性格。在这大量的塑像中，包罗有极为丰富多彩的艺术典型。有的塑像秀骨清神，有的丰肌腴颊，有的体态玲珑，有的气魄雄壮；所用的色彩也明暗不一，有的朴素，有的华丽。它们不但显示出了我国古代彩塑匠师们的高度智慧和卓越的创造才能，同时也表现出了各时代的不同艺术风格。

莫高窟的壁画，是先用泥掺杂碎麦草或麻筋涂平窟面，然后涂上一层薄石灰，再在上面着色绘制的。这些壁画大多色彩绚烂，

▲ 张议潮出行（莫高窟壁画）

▲ 都督夫人礼佛（莫高窟壁画）

构图宏伟，线条流畅，所画的内容主要是佛教故事。

　　壁画中有一部分是运用丰富的想象力来描绘西方极乐世界的（佛经说人死升天堂，天堂在西方，那里是极乐世界）。画面中的西方乐土是殿阁嵯峨、池水清丽的地方。那里有释迦牟尼佛端坐在中央的莲花宝座上，环绕在他周围的有许多罗汉、菩萨和护法。上面祥云缭绕，并有"飞天"和神鸟翱翔上下。

　　壁画中，还有相当一部分是各种姿势的菩萨像。其中，唐代的菩萨像最为优美并且富于变化。

　　另外，有些壁画根据佛经，绘出释迦牟尼在他无数世以前舍

▲ 敦煌藏经洞帛画《水月观音像》

身行善的故事。有些壁画画的是佛讲经说法的故事。

壁画中的许多"飞天"——美丽地飞在天空中的小菩萨，拖着轻软的飘带，在空中上下回旋，神采奕奕，姿态动人，最为人们所喜爱。

敦煌的壁画、彩塑和藻井（彩绘的窟顶），美妙瑰丽，是祖国优秀的艺术遗产，也是世界上最大、最著名的艺术宝藏之一。帝国主义分子，在旧日政府的纵容和包庇下，从莫高窟盗走了不少珍贵的壁画、彩塑和藏在窟中的经卷。

（曹增祥）

20

五代十国

黄巢起义失败后，唐政府名存实亡，许多新起的藩镇互相攻伐，割地称雄。当时盘踞在黄河流域的主要势力有山西的李克用和河南的朱温（全忠）。李克用是靠镇压农民军壮大起自己力量的沙陀族首领，朱温是农民起义军的叛徒。904年，朱温挟持唐朝皇帝到洛阳，操纵了中央政权。907年，朱温代唐称帝，改国号为梁，史称后梁。后梁以汴州（今河南省开封市）为都城。历时二百九十年的唐朝正式结束，从此开始了"五代十国"的历史。

▲ 后梁太祖朱温像

923 年，李克用的儿子李存勖（xù）在魏州称帝，建国号叫唐，史称后唐。不久，李存勖消灭了后梁，把都城迁到洛阳。

936 年，后唐的河东节度使石敬瑭借契丹（后改号为辽）兵灭掉后唐。石敬瑭被契丹统治者册立为"大晋皇帝"，建立起后晋。从此，幽云十六州（在今河北省与山西省北部）被割让给契丹，那里的汉族人民长期处于契丹贵族的统治之下。

石敬瑭对幽云十六州土地和人民的出卖，并不能满足契丹贵族无止境的贪欲。946 年，辽军攻入后晋都城开封，活捉了后晋皇帝石重贵（石敬瑭之侄），河北地区完全为契丹贵族所占领。契丹统治者派兵马轮流到各处劫掠，称之为"打草谷"。辽太宗耶律德光在开封即位称帝，并改穿汉人服装，以麻痹汉族人民。北方人民对于契丹军队的残暴行为，非常痛恨，到处组织义军，起来反抗。耶律德光见形势不妙，在侵入中原后两个月，就托名避暑，率军北逃。后晋将领河东节度使刘知远在太原建立政权，趁机领兵进入开封，宣布自己为汉皇帝，史称后汉。后汉政权建立仅仅四年，就被其部将郭威所灭。

郭威杀死后汉的皇帝（刘知远养子），建国号周，史称后周，仍都开封。

这就是北方先后建立的五个王朝——后梁、后唐、后晋、后汉、后周，历史上

▲ 后周太祖郭威像

称为"五代"。五代统治的地区，仅是黄河流域一带（有时也包括四川在内）。至于淮水以南至广东的广大地区，则先后为九个小国所分据。它们是：

1.**前蜀**：王建所建，在今四川。

2.**后蜀**：孟知祥所建，在今四川。

3.**吴**：杨行密所建，在今淮河以南和长江中下游两岸地区。

4.**南唐**：吴的大臣李昪（biàn，*后改名徐知诰*）夺取吴的政权自立为王。

5.**吴越**：钱镠（liú）所建，在今太湖流域和浙江一带。

6.**闽**：王潮、王审知兄弟所建，在今福建。

7.**楚**：马殷所建，在今湖南。

8.**荆南**（*南平*）：高季兴所建，在今湖北江陵一带，是最小的一个政权。

9.**南汉**：刘隐所建，在今两广一带。

除南方九国外，还有一个割据太原的北汉。北汉是郭威灭后汉的时候，河东节度使刘崇（*后改名刘旻，"旻"音 mín*）建立的，在今山西一带。

以上就是所谓的"十国"。

在五代十国时期，北方的梁、唐、晋、汉等朝长期进行割据战争，给人民带来许多灾难。除田赋外，统治者还野蛮地向农民征收名目繁多的杂税。农民的牛死了，政府出很少的钱硬把牛皮买来做军用品，后来要了牛皮不给钱，最后还不管牛死没死，也不管有没有牛，都强迫农民出钱给政府，取名"牛皮钱"。农民有农具要纳税，过桥要纳税，吃盐要纳税，不管喝酒不喝酒也要纳税。

田赋每一斛（当时以十斗为一斛）要加收两斗，叫作"雀鼠耗"，说是要补偿粮食存入粮仓后被麻雀和老鼠吃掉而造成的损耗。地方官在他们管辖的地区内横征暴敛，方法更是多种多样，如后晋归德节度使赵在礼在宋州（今河南省商丘市）的行为很是残暴，当他调职的时候，老百姓高兴地说："这回可拔去了眼中钉。"不久，他又调回来，便明目张胆地要宋州老百姓每人交纳"拔钉钱"一千文。吴、越、楚、闽、南汉等国还有所谓"身丁钱"（人口税），这也是以前所没有的。

（张习孔）

21

周世宗柴荣

五代十国时期，各地割据势力纷纷称帝称王，互相战争，契丹贵族不断南侵，烧杀抢掠，人民受尽剥削和压迫，生活非常痛苦。到了后周时期，社会情况有了改变。周太祖郭威即位后，进行了一些减轻人民痛苦的改革。户口增加了，北方的经济情况渐渐好转。

954 年，郭威病死，柴荣（郭威的养子）继位，他就是周世宗。在经过长期混战以后，广大的人民急切要求恢复社会经济，结束分裂割据局面，解除契丹侵扰的威胁。在这样的

▲ 后周世宗柴荣像

形势下，柴荣采取了各种措施，整顿吏治，发展生产，并在稳定内部的基础上，进行了统一南北的工作。可从以下几个方面来说明：

1. **社会经济方面**。柴荣即位后，进一步减轻了对人民的剥削，把部分官田和全部无主荒田分给农民耕种，来恢复农业生产。他还下令裁减境内的寺院，把原有的三万三千多所寺院，裁减成两千多所，从寺院收回了不少田产，解放了不少劳动力。在抑制寺院势力以后，他又下令把民间的佛像、铜器一齐收集起来，由政府付给一定代价，把这些佛像、铜器销熔铸钱。为了使农业增产，柴荣前后几次下令兴修水利工程，尤其是对黄河下游的各处决口，更加注意及时修补。长期淤塞的汴水，经过疏导以后，江淮的粮食、货物都可以由这条水路集中运到京城开封。

2. **政治军事方面**。柴荣在位期间，屡次下诏求贤，提倡节俭，停止地方上贡，严惩贪官污吏，调整州县行政机构，裁并乡村，整顿里甲，清查户口。同时，他还进行了整顿军队的工作，严惩临阵逃跑的将校，精选禁卫军，整肃了军纪，加强了中央的军事力量。

3. **统一战争方面**。柴荣在内部局势变得相对稳定的情况下，开始进行统一全国的事业。955 年，他派凤翔节度使王景领兵进攻后蜀，连克秦（今甘肃省天水市）、成（今甘肃省成县）、阶（今甘肃省武都区）等州。第二年，柴荣亲自率军攻打南唐，前后花了将近两年半的时间，打到长江边，逼近南唐的都城金陵（今南京市）。958 年，取得南唐的江北十四州，在战略上取得了绝对优势。这时柴荣考虑到，要渡江南下，必须先解除北方辽的威胁。959 年，柴荣率大军北伐。所过之地，辽的守将望风归降。出师仅四十多天，就连下三关——益津（今河北省霸州市）、瓦桥（今河北省雄县）、淤口（今河北市霸州市东），并收取了瀛（今河北省河间市）、莫（今河北省任丘市）、易（今河北省易县）三州十七县。正当后周军队继续向北挺进，准备收取幽州（今北京市）之际，柴荣突然患病，全军只得停止前进，退回开封。不久，柴荣就病死了。

柴荣虽然没有能够亲身完成统一中国的大业，但在他在位的短短五年多的时间里，他能够致力于革新政治、恢复生产、整顿军队等工作，使社会秩序得到安定，阶级矛盾趋于缓和，国家实力得到增强。他在结束"五代十国"长期纷扰割据的社会局面、使中国重新走向统一的历史进程中，是很有功绩的。

（张习孔）

陈桥兵变

▲ 宋太祖赵匡胤像

周世宗柴荣死后，他的儿子柴宗训继位。柴宗训这时年方七岁，他的母亲符太后掌管政权。

这时，殿前都点检（**皇帝亲军的最高长官**）赵匡胤，看到后周孤儿寡妇当政，就暗地里和其他禁军将领石守信等结拜为十兄弟，阴谋夺取后周的政权。

柴宗训即位的第二年（960）正月初一，当后周的君臣们正在大排筵宴、欢庆新年的时候，突然接到了紧急边报，说北汉和辽合兵，大举南犯。符太后和执政大臣们不辨真假，仓促派遣赵匡胤等率领禁军前往抵御。初三晚上，赵匡胤带领大军在陈桥驿（**开封东北四十里**）宿营。这天深夜，军中一部分将官，在赵匡胤的弟弟赵匡义和谋士赵普的策划鼓动下，发动兵变，声言要拥立赵匡胤做皇帝。这时，赵匡胤假装酒醉不醒。第二天天明，诸将直接拥进赵匡胤的寝所，把一件黄袍披在他的身上，都向他跪拜，高呼万岁。

赵匡胤黄袍加身后，立即回师开封，废掉了后周的皇帝，自己正式做了天子，改国号为宋，定都开封（**称为东京**），历史上称为北宋。赵匡胤就是后世所称的宋太祖。

（刘占文）

23

杯酒释兵权

赵匡胤做了皇帝以后，首先考虑的是如何加强中央集权的问题。这是因为，从五代以来，武人跋扈专权，将士拥立主帅做皇帝的风气很盛，如果不加强中央集权，新建立的政权就很难巩固。事实上，宋政权建立不久，就先后有两个节度使起兵叛乱。叛乱虽然很快就被平定，但是武将仍旧操纵着国家的军事大权，这点正是让赵匡胤寝食不安的大患。

为了加强中央的军事实力，消灭可能叛变的地方武装力量，赵匡胤采纳了大臣赵普的建议，采取了一系列逐步削夺节度使军权和财权的措施。

在集中军权方面。建隆元年（960），赵匡胤命令各州长官把地方的精壮士兵选拔出来，送到京师，补作禁军（禁军是当时全国最主要、最精锐的军队）。同时，还创立"更戍法"。命令禁军经常轮流到各地去守卫，表面上说是让士兵"习勤苦，均劳逸"，实际上是利用这种办法，以达到"兵不谙将，将不专兵"的目的。

建隆二年（961）秋天，某日，赵匡胤举行宴会，邀请掌管禁军的节度使石守信、王审琦等一块儿喝酒。在大家酒兴正酣的时候，赵匡胤屏退左右，对这些将领们说："我若没有你们的帮助，不会有今天。可是，做皇帝实在没有做节度使快乐！"石守信等听了，忙说："陛下为什么说这样的话？现在天下已定，谁还敢有异心？"赵匡胤说："哪个节度使不想做皇帝？就算你们不想，有一天部下逼着你们做，硬把黄袍加在你们身上，那时就不容你们不做了。"石守信等说："我们断不敢有这种梦想。"赵匡胤说："人生不过几十年，求富贵的人，不过是想多积金钱，好自己享乐，使子孙免于贫穷。你们何不交出兵权，到地方上去，多买些田地房产，为子孙长久打算；你们也可以多蓄养歌儿舞女，尽情享受，以终天年！如果能够这样，我可以和你们结为姻亲，君臣之间，两无猜疑，岂不是好！"石守信等听了赵匡胤的话，当然明白是什么意思，第二天都自动告病，并请求朝廷解除自己的军职。赵匡胤都一一批准。这就是历史上所说的"杯酒释兵权"。

赵匡胤在解除了石守信等人的兵权后，不再设置殿前都点检和殿前副都点检的兵职，而把禁军交给"三衙"（殿前司、侍卫马军司、侍卫步军司）统率，并且任命自己比较容易驾驭的人来做禁军的将领。

这样，宋中央政府就直接掌握了禁军，中央集权就大大地加强了。

在集中政权方面。 乾德元年（963），北宋政府命令各节度使所领的"支郡"都直属中央政府，不再受节度使管辖。中央选派文臣去做各州县的长官。同时，又在诸州设立通判，名义上是帮助地方官办事，其实是监视地方官。凡是州内有关兵民、钱谷、赋役、狱讼等政令，如果没有通判的签署，就不生任何效力。这样，北宋朝廷就可以利用地方官和通判之间的相互牵制，收到中央控制地方的实效。

在集中财权方面。北宋政府为了纠正唐末藩镇割据以来地方财政收入全归节度使支配的积弊，命令各州，今后税收金帛财物，都要上缴中央，地方官只可以酌情留一部分作为地方经费开支。

北宋政府在施行了上述一系列加强中央集权的措施以后，严重地削弱了地方的武装势力，改变了唐末、五代以来地方藩镇势力强大，中央不能指挥调度的局面。这些措施，对于安定当时社会秩序、发展生产以及抵御外侮来说，都是有好处的。

（张习孔）

24

杨家将

北宋建国以后，经过将近二十年的时间，到宋太宗（赵匡义）太平兴国四年（979）灭掉北汉，最后才完成统一全国的事业。但是，被石敬瑭割让给契丹贵族的幽、云诸州，这时仍然没有收复。

契丹族建立的辽政权，一直是北宋北边最大的威胁。辽统治者经常派遣军队大规模南侵，烧杀抢掠，使中原一带的生产遭到严重破坏。中原地区的人民，再接再厉，英勇不屈，长期和入侵的辽军展开激烈的斗争。杨家将的故事，就是在这样一个历史背景下产生的。

杨家将中最主要的人物是杨业（又名杨继业），他作战英勇，当时人们给他一个很好的别号，叫作"杨无敌"。

雍熙三年（986），宋太宗下令分东、西、中三路出兵攻辽。潘美为西路主将，杨业为副将。在北伐中，杨业屡立战功。出兵仅仅两个月，就收复了云（今山西省大同市）、应（今山西省应

▲ 潘美像

县）、寰（今山西省朔州市朔城区）、朔（今山西省朔州市）四州。可是，曹彬率领的东路军，在岐沟（今河北省涿州市西北）吃了败仗。宋太宗下令新收复的四州官民撤退，由潘美、杨业掩护。

辽统治者看见宋军后退，迅速集中了十万精兵，乘势攻进寰州。杨业对潘美说："现在敌人的实力很强，应当暂避锋锐，不能冒险进攻，最好还是按照朝廷的命令，迅速掩护老百姓撤退，以免遭受巨大损失。"可是潘美坚持要杨业出兵雁门，收复寰州。杨业无奈，只得率领本部人马去和辽军交战。临行前，他和潘美约好，预先把一千名弓弩手埋伏在陈家谷口（今山西省朔州市南）两侧，等他把辽军引到谷口时，前后夹击，予辽军以歼灭性打击。

杨业率领少数军队和辽军从拂晓战至黄昏，果然把辽兵引到了谷口。但是，这时潘美早已离开了陈家谷。杨业身陷重围，仍然奋不顾身，继续与辽军战斗。最后由于双方兵力过于悬殊，宋军伤亡很重，杨业的儿子杨延玉和七十三岁的老将王贵都壮烈牺牲，杨业本人身带数十处重伤，不能行动，被辽军俘虏。被俘后，他不吃不喝，不屈而死。

根据史书记载，杨业有七个儿子，除杨延玉外，在历史上有事迹可考的是杨延昭，就是戏曲、小说中的杨六郎。杨延昭在今河北一带抗辽守边二十多年。因为他智勇双全，常常打胜仗，辽军都很怕他。

杨六郎的儿子杨文广，也是宋朝一位名将。他曾先后防守过陕西、河北等处，使西夏和契丹不敢大举进攻。

有关杨家将的历史记载虽然不多，但在戏曲传说中，人们却按照自己的想象和愿望，丰富了杨家将的故事。《潘杨讼》《清官册》等戏剧，就是这样编演出来的。

（张习孔）

澶渊之盟

　　宋真宗景德元年（1004），辽政权的皇帝和他的母亲萧太后，趁秋高马肥的时候，亲率二十万大军，南下侵宋。

　　当辽军南下，告急文书不断传到开封时，北宋君臣议论不一。大臣们有的主张迁都至金陵，有的主张避敌到成都。宰相寇准则坚决主张抵抗，并且要求宋真宗亲自出征督战。

　　南侵的辽军，遭到了各地宋军坚决抵抗。同年冬天，辽军深入离开封以北不远的澶（chán）州（今河南省濮阳市）。怯懦动摇的宋真宗，在寇准和广大军民积极要求抗战的压力下，勉强亲自出征；车

▲ 宋真宗赵恒像

骑刚到韦城（今河南省滑县东南），在主和派的怂恿下，他又想往南逃了。寇准对宋真宗说："现在敌人已经迫近国都，全国人心惶惶。陛下只可前进，不可后退。如果陛下的车子后退几步，就会使前线受到影响。那时，敌人乘势进攻，就是想保持江南半壁江山，也办不到了。"

殿前都指挥使高琼在旁，也说："寇准说得对。愿陛下赶快到澶州，臣等愿以死报国，敌人并不难破。"宋真宗只好下令前进。

这时，孤军深入的辽军，到处受到宋军和民兵的英勇反击，他们的后方和军事供应受到严重威胁。集结在澶州附近的宋军逐渐增加到几十万，士气非常旺盛。辽军先锋萧挞凛窥察澶州地势，被宋军用伏弩射死，辽军的疯狂气焰，受到了很大打击。辽贵族估计到胜利已无希望，转而向北宋议和。

宋真宗本来没有抗敌决心，见到辽有意议和，自然求之不得。抗战派代表寇准主张拒绝和议，乘胜进军，宋真宗却拒绝采纳抗战派的意见。主和派极力打击寇准等，诬蔑他们主张抵抗是别有企图。在主和派的策划下，北宋政府终于在景德元年十二月（1005年1月）和辽国达成和议，订立"澶渊之盟"。和议规定，宋每年给辽绢二十万匹，银十万两。从此以后，宋朝政府年年向辽输纳银、绢，使得人民又平添了一笔巨大的负担。

（刘占文）

范仲淹

　　范仲淹（989—1052），字希文，吴县（今江苏省苏州市）人，北宋时代的著名学者、政治家。"先天下之忧而忧，后天下之乐而乐"，这两句至今仍被人们传诵的名言，就出自他的《岳阳楼记》一文中。这两句话，充分表明了范仲淹那种"以天下为己任"的开阔胸怀。

▲ 范仲淹像

　　范仲淹在年轻的时候，由于家境贫寒，上不起学，一个人跑到一间僧舍中去读书。他每天晚上，用糙米煮好一盆稀粥，等到第二天粥凝成了冻以后，就用刀划成四块，每天早晚各取两块来吃；没有菜，就把用盐水浸过的野菜茎，切成几十段作为副食。

范仲淹二十三岁的时候，辞别母亲到应天府（今河南省商丘市）的一个乡学里去学习。在学舍中，他昼夜苦读，从不浪费一分一秒。冬天夜里，当读书读得疲倦时，他就用冷水洗一洗脸，让头脑清醒过来，然后再继续读下去，一直到深夜。一连好几年，他从来没有吃过饱饭，也没有脱下衣服好好地睡一次舒服觉。他常常对别人说："一个人如果不能读书，立大志，即使能吃饱喝足，生活舒适，也没有多大意义。"

在范仲淹的同学中，有一个是南京（当时的应天府）留守（管理、守卫京城的官）的儿子，他看见范仲淹每天吃两顿稀粥充饥，很是感动，有一天回家把这件事告诉了自己的父亲。他父亲就叫他带些酒肉饭菜去送给范仲淹。但是范仲淹并没有吃，过了几天，这些食物都放坏了。留守的儿子很奇怪，便去问范仲淹。范仲淹答谢说："我并不是不感激令尊的厚意，只是因为我平常吃稀饭已经成为习惯，并不觉得苦；现在如果贪图吃好的，将来怎么能再吃苦呢？"

后来，范仲淹担任过陕西经略副使。他在任期间，积极改革军制，巩固防务，对于防御西夏的进攻，起了相当重大的作用。以后，他被调到中央，任参知政事，曾经向宋仁宗（1023—1063在位）提出厚农桑、减徭役、修武备、择长官等改革方案；但因遭到大官僚地主的反对，没有实行。

范仲淹的诗、词、散文，都写得很好。《岳阳楼记》就是他描写洞庭湖风光的一篇很著名的文章。他的著作有《范文正公集》。

（张习孔）

包公

▲ 包拯像

包拯（999—1062），字希仁，庐州合肥（今安徽省合肥市）人。他在做官期间，替负屈的老百姓申冤，做了不少有利于人民的事情。他曾做过龙图阁直学士，因此，人们又称他为"包龙图"。

嘉祐元年（1056），包拯升任开封知府。根据旧日的惯例，百姓告状，不能把状纸直接递上公堂，须由衙役代转。这样，衙役就可以从中勒索，收受贿赂。包拯到任以后，下令废除这项陋规，允许老百姓直接到公堂上辩理诉冤，受到开封老百姓的热烈拥护。

有一年，开封惠民河涨水，京师受到严重威胁。经过调查，包拯找出涨水的原因，是由于当时京师有权势的豪门，争着在惠民河上修筑园亭，影响了河道，以致年深月久，河水淤塞。为了全城人民的安全，包拯下令把惠民河上的建筑全部拆毁，疏浚河道。因为这件事情，包拯得罪了不少权贵。有的权贵借着包拯要他们呈验地契的机会，伪改地契步数，包拯派人丈量属实，上奏仁宗，请求依法处理。

包拯对那些残害老百姓的贪官污吏，一向主张严厉惩办。他做右谏议大夫时，三次上书皇帝，奏请罢免宣徽南院使张尧佐。两个违法的三司使（理财的官）因为他的纠举被撤掉。他竭力主张节省公私开支，坚决反对奢侈浪费。他个人的日常生活非常节俭，自己虽然已做到开封知府，可是衣服、器用、饮食都和刚做官时一样。他曾经向仁宗皇帝建议：停止修建一切不急需的大工程，废除所有正税以外的苛捐杂税。开封上清寺失火被焚，仁宗准备动工重建。包拯立即上奏谏阻，认为国库不充，边境未宁，不应当首先办理这样无关紧要的事情。包拯还常常反对仁宗任意赏赐大臣和内臣钱帛，反对臣僚们乱用公款、铺张浪费，等等。

包拯这种不避权贵，甚至敢于对皇帝直谏的正直作风，在小说、戏曲中，经过人们的想象、发挥，被编成许多动人的故事。人们最熟悉的《铡美案》《打龙袍》等剧，就是这样产生出来的。至于有些旧小说、戏曲中，说他还到所谓"阴间"去审案，则是封建迷信的、完全虚构的。

包拯做官三十多年，一直以刚严的态度来执行封建国家的法纪，对于强宗豪族的专横不法，按公处断，丝毫不留情面，弹劾和压制豪门贵族，深受人民的爱戴。

（张习孔）

王安石

　　北宋统治者设置了庞大的官僚机构，尽量吸收地主阶级分子参加。官僚们除领取国家优厚的俸禄外，还享有减免赋税、徭役的特权。职责不清，人员庞杂，这不仅大大削弱了行政的效率，而且严重地增加了国库的开支。

　　北宋时期，除北方的辽不断对宋侵扰外，西北党项族（羌族的一支）建立的西夏，也经常对宋进攻。在辽和西夏的威胁下，北宋政府不断地扩充兵额。宋仁宗时期，军队的数目已经增加到一百二十五万多人，养兵的费用占了国家财政支出的很大一部分。

　　此外，加上统治阶级的奢侈浪费，以及每年送给辽和西夏大批的绢帛和白银，使北宋政府的财政陷入了极端困难的境地。北宋统治者为了摆脱危机，拼命地向农民榨取赋税。据记载，仁宗时就已形成"凡百赋率，增至数倍""下至果菜，亦皆加税"的局面。

　　农民起义不断爆发，统治阶级恐慌起来。一些比较有远见的人，如范仲淹、欧阳修等，针对当时的局势，先后提出了改革政治的主张。但是由于顽固派的反对，他们的主张都未能得到实行。宋神宗在位（1068—1085）时，北宋社会的危机更加严重。在这样的情况下，宋神宗任用王安石做宰相，来实行变法。

王安石（1021—1086），字介甫，抚州临川（今江西省抚州市临川区）人，出身地主家庭。他早年在浙江做过地方官，很有政治才能。仁宗时，他上过万言书，主张改革政治，没有被采纳。神宗熙宁二年（1069），他被任为参知政事，次年被任命为宰相，积极展开变法活动。王安石变法的目的，在于富国强兵，缓和阶级矛盾。为了变法，他先在中央政府设立了一个机关——"制置三司条例司"，来制定新法的各项条例。

新法主要有下列几项：

1. 农田水利法——开垦荒地，兴修水利，积极发展农业生产。五六年之内，兴修了水利工程一万多处，灌田三十六万多顷。

2. 方田均税法——丈量土地，按土地的数量、肥瘠等情况征收赋税。实行方田均税法后，前后丈量出地主官僚隐瞒的土地二百多万顷，迫使豪强地

▲ 王安石像

主不能不缴纳赋税，并且不许他们将赋税转嫁给农民。这样，既增加了国家赋税的收入，也相对地减轻了农民的负担。

3. **均输法**——过去地方"上供"物品，都由各地分散购置，**富商大贾往往趁机操纵物价，囤积居奇**。均输法改为由朝廷设"发运使"统一购置，一方面既免去了富商大贾从中操纵的弊端，另一方面也收到了"便转输，省劳费"的效果。

4. **青苗法**——每年青黄不接时，政府以较低的利息贷现款或实物给农民，收百分之二十的利息，叫作"青苗钱"。青苗法的实行，限制了高利贷者盘剥农民的行为。

5. **免役法**——北宋时差役繁重，服役人受苦不堪。免役法规定：凡服役人户按等第出"免役钱"，就可以不再充役；享受免役特权的官僚、地主，也要按财产多少出"助役钱"；由国家用免役钱和助役钱雇人充役。实行免役法，减轻了人民服役的痛苦，同时也使大地主、官僚的特权受到了一定的限制。

6. **市易法**——政府设"市易司"，平衡物价，小商贩也可向市易司借贷资金或赊购货物，年息二分。这样就使大商人不能垄断市场，并且增加了政府的收入。

7. **保甲法**——组织民户，**十家为一保，五十家为一大保，五百家为一都保**。一家有壮丁两人的，出一人为保丁。保丁在农闲时集中进行军事训练，平时巡逻、放哨，维持地方治安，战时保卫疆土。诸路（"路"是行政区域的名称，当时全国分二十三路）保甲后来还代官府养马，以备战争之用。保甲法的实施，加强了国防的力量。

由于新法触及了大官僚、大地主、大商人的利益，变法一开始就遭到了以司马光为首的守旧大臣们的反对。新法的实行，从熙宁二年（1069）到元丰八年（1085），前后共十七年。神宗死后，新法被完全推翻。

（刘占文）

梁山好汉

　　《水浒传》是一部著名的长篇古典小说，它着重描写了北宋末年农民反抗地主官僚的英勇斗争，塑造了一百零八条梁山好汉的形象。书中提到的英雄人物的名字，虽然不完全见于正史，但是书中叙述的这一斗争，在历史上却是有根据的。

　　北宋徽宗时（1101—1126），蔡京、王黼（fǔ）、童贯、梁师成、李彦、朱勔六人专擅朝政，结党营私，卖官鬻（yù）爵，荼毒百姓，当时被人们称为"六贼"。宋徽宗在蔡京等大官僚的怂恿下，大动土木，还在江南搜寻名花异石，用船运到京师（运送花石的船队叫作"花石纲"）。在各地官府的大规模搜刮下，中等以下的人家，很多都因此破产。人民没法生活，不断起来反抗。

　　徽宗政和（1111—1117）年间，宋江等三十六人以梁山泊（在今山东省梁山县境内）为根据地，领导农民起义，反抗统治阶级的暴政。宣和元年（1119），北宋政府采取欺骗办法，下诏"招

▲ 杨柳青年画《李逵大闹忠义堂》

抚"起义军，没有达到目的。宋江等三十六人领导着起义队伍，同几万官军搏斗，屡次把官军打得大败。宣和二年（1120）冬，起义军的声势愈益壮大，他们转战于山东、河北、河南、安徽北部和江苏北部一带，严重地打击了各地的官僚、地主。当宋江等领导的起义军在北方活动时，方腊领导的起义军在今浙江也展开了斗争。宋朝的官僚侯蒙向宋徽宗献计，要朝廷"招抚"宋江，让宋江去进攻方腊，阴谋使起义军彼此残杀。宋徽宗认为这是个好办法，任命侯蒙为东平知府，去办理这件事情。可是侯蒙没等到任就死去，所以这次招抚诡计又没有实现。宣和三年（1121），宋江进攻淮阳军（今江苏省邳州市东），进入楚（今江苏省淮安市）、海（今江苏省连云港市）二州交界的地方。据史书说，宋江"转掠十郡，官军莫敢撄（yīng，触犯）其锋"。宋朝统治者慌忙命令海州知府张叔夜来对付起义军。

张叔夜先以敢死队一千人，埋伏在海州城附近，又以一部分壮卒隐伏在大海边，接着派出轻兵一支向宋江等诱战。等到宋江领军前来时，伏兵趁机而起，四面合围。在战斗中，宋江的副将被俘。起义军死伤很重，宋江失败，时间约在宣和三年（1121）夏秋之交。

（张习孔）

30

方腊起义

　　方腊，青溪（今浙江省淳安县）人，北宋末年的农民起义领袖。宣和二年（1120）冬，他在睦州（今浙江省建德市）利用明教，动员、组织群众，领导农民起义。明教是一种民间宗教，北宋时，在我国东南一带流行。教徒崇拜光明之神，提倡素食、戒酒，讲究团结互助，主张平等。这些信条，反映了农民刻苦朴素的精神和反抗压迫、要求平等的意志。

　　起义开始时，方腊向一千多个贫困不堪的农民，无情地揭露了北宋统治阶级的残暴荒淫、腐朽无能，号召农民武装起来，进行斗争。他的讲话，激发了受尽剥削压迫的农民群众的强烈的阶级仇恨。

　　起义爆发后，方腊自号"圣公"，建年号为"永乐"。起义军砍伐了大量毛竹，削尖了作为武器；在一两个月的时间里，连破青溪、睦州、杭州等地。警报传至开封，北宋政府非常惊惶。宋徽宗命令童贯等统率十五万大军，前往镇压。

第二年（1121）春，起义军又连续攻占婺（wù）州（今浙江省金华市）、衢州（今浙江省衢州市）、处州（今浙江省丽水市）等地。童贯到东南后，采取软硬兼施的办法：一面下令把办理"花石纲"的"苏杭应奉局"撤销，并且请求宋徽宗把主办"花石纲"的朱勔父子免职，以缓和人民的斗争情绪；一面迅速调集军队，水陆并进，向起义军大举进攻。

起义军在杭州和官军展开激战，方腊为了保存力量，从杭州撤退，回到根据地睦州。接着，双方又在睦州附近的桐庐展开激战，起义军失败。官军加紧进攻睦州，坚守睦州的起义军由于军粮不足，武器缺乏，最后退守青溪的帮源洞和梓桐洞。童贯率军进逼，重重围困起义军，断绝起义军的一切接济。1121年夏，方腊等起义军首领五十多人在苦斗中被俘；起义军七万余人，英勇战斗，粮尽援绝，全部壮烈牺牲。这年秋天，方腊在东京（开封）被宋统治者杀害。

方腊领导的农民起义，虽然遭到失败，但起义军坚持了将近一年，不屈不挠，斗争到底，给封建统治者以沉重的打击。

（张习孔）

31

契丹

　　契丹族最初住在今内蒙古自治区东境辽河上游西喇木伦河（辽代称为潢河），是一个游牧兼渔猎的民族。4世纪中，迁往今河北省围场县北到内蒙古自治区克什克腾旗一带。4世纪末，其中一部分仍返回西喇木伦河、老哈河的北面，分大贺氏等八部。八部各有首长，叫作"大人"，共推选一名"大人"为首领。从6世纪末年开始到10世纪初（隋到唐末），契丹社会随着生产的发展，私有财产制逐步得到确立。大贺氏、遥辇氏、耶律氏等八部"大人"，不断为争夺八部首领的地位而斗争。

　　五代后梁太祖开平元年（907），耶律阿保机取代遥辇氏的地位，成为契丹各部的首领。从907年至916年，阿保机逐步地统一了契丹各部落。五代后，梁末帝贞明二年（916），阿保机正式称帝（后世称为辽太祖），建立了契丹政权。这个政权的建立，标志着契丹族的社会历史开始进入了一个新的阶段。契丹族社会的经济和文化，在契丹政权建立以后，更加有了发展。

契丹政权统治的范围，在它最强盛时期，今天我国东北、内蒙古自治区、河北省北部及山西省的一部分，都包括在内。契丹全国行政区，以五"京"辖五个"道"，即上京（今内蒙古自治区林西县）、东京（今辽宁省辽阳县）、中京（今河北省平泉市）、南京（又名燕京，即今北京市）、西京（今山西省大同市）以及同一名称的"道"。每"道"下又分"府""州""县"各级。

926年，耶律阿保机死，他的儿子耶律德光继位（后世称为辽太宗）。946年，契丹出兵攻灭后晋。灭后晋的次年，契丹政权改号为"辽"。耶律德光死后，辽统治阶级内部矛盾加深，势力日弱，但到11世纪初时，辽势又复振，成为北宋北方最大的威胁。

11世纪末，居住在松花江流域一带的女真族日益兴盛起来。女真族长期受辽的压迫和剥削。12世纪初，女真族建立金政权以后，起兵抗辽，屡次打败辽兵。北宋政府采取联金攻辽的政策，和金共同出兵攻辽。宋徽宗宣和七年（1125），辽为金攻灭。

辽的贵族耶律大石在辽亡后率领一部分人西迁，在今新疆及中亚一带，建立了西辽国（又称黑契丹）。

（程溯洛）

女真

女真本是黑水靺鞨（mò hé，古族名）的后人。"女真"这个名称是 10 世纪初才出现的。当时，女真受辽的压迫和剥削，辽国统治者为了削弱女真族，把其中一小部分受汉族文化影响较深的人迁徙到辽阳以南，编入辽的户籍，称作"熟女真"；其余大部分女真人则仍留居在粟末江（今松花江）之北及宁江州（今吉林省扶余市）之东，不入辽户籍，称作"生女真"。生女真散居在河流沿岸或山谷之中，过着游牧狩猎的生活，尚处于原始氏族社会的阶段。

大约 11 世纪初，生女真中的完颜部已定居于按出虎水（今阿什河），学会种植五谷，并且还能刳（kū，挖空）木为器，制造舟车，修建房屋。以后，生女真便以按出虎水的完颜部为核心，迅速发展起来。

11 世纪中期，完颜部酋长乌古乃兼并了周围许多部落，形成了女真人的部落联盟。这时，女真社会已有贫富不同和自由民与奴隶的区别，氏族制度正在崩溃瓦解。11世纪末，乌古乃的儿子盈歌和孙子阿骨打进一步完成了女真各部的统一。女真族内部统一以后，女真的社会经济更加有了发展，财富增加，兵源充裕，力量一天天壮大。1114年，女真族在他们雄才大略的领袖阿骨打的率领下，起兵抗辽。军队所向，势如破竹，辽军节节溃退。第二年，阿骨打便正式建立女真政权，号为"金"（因按出虎水而得名，"按出虎"是女真话"金"的意思）。此后，金与汉族封建文化的接触日益频繁，它的社会性质也迅速地向封建社会转化。北宋朝廷看见金的势力日益增强，几次派遣使者和金联系，相约夹攻辽。约定灭辽后，原被契丹侵占的幽云十六州由北宋收复，北宋则将原来每年送给辽的"岁币"转送给金。1125年，辽在宋、金的联合进攻下灭亡。但灭辽以后，金却不肯归还幽云十六州，并且借故向宋挑衅，兴师南侵。

在金兵深入进扰的情况下，宋政府内部分成了抗战、主和两派。抗战派以李纲、宗泽、种（chóng）师道等为代表，主和派以李邦彦、张邦昌等为代表。广大的人民和士兵，坚决支持和拥护李纲等抗战派，誓死抵抗金的进犯。但是，北宋的最高统治者——徽宗、钦宗两位皇帝，却一味只知苟且偷安，害怕人民的力量，甘心情愿向金妥协。

1126年春，金兵进逼北宋首都开封，李纲等率领开封军民坚决抵抗。各地人民纷纷自动组织起来，四处袭击金兵，金兵北退。不久，李纲被主和派排挤出开封，种师道的实际兵权被解除。这年秋天，金兵再度南侵，主和派压制人民的抗战活动，只顾向金求和。

1127 年 1 月（钦宗靖康元年闰十一月），金兵侵占开封。因为各地义军纷纷起兵抗金，金兵在开封不敢久留，最后被迫退走。临走时，将徽宗、钦宗及赵氏宗室、后妃、公主等一并俘虏北去，北宋政权灭亡。同年 6 月，钦宗的弟弟康王赵构在南京（应天府，即今河南省商丘市）即位，他就是宋高宗。从此宋政权开始南迁，历史上称为南宋（1127—1279）。

1153 年，金迁都燕京（今北京市）。迁都以后，女真贵族迅速学会了历朝汉人的统治经验，大体仿照宋朝制度建立了一套剥削管理机构，同时还大量吸收汉族和契丹族中地主阶级的代表人物加入金的统治集团。

女真贵族对他们统治下的各族人民，特别是对汉族人民，实行野蛮的民族压迫政策，并且不断大举兴兵南犯，因此激起了各地人民的激烈反抗。南宋统治区域的汉族人民，在抗战派的岳飞、韩世忠等人的领导下，也展开了坚决的抗金斗争，给了金统治者沉重打击。

蒙古族强大以后，金在蒙古族的铁骑的进攻下开始衰落。1234 年，金在南宋和蒙古的联合进攻下灭亡。

（之明）

33

宋代临安

宋高宗即位后，把国都迁移到临安（今浙江省杭州市）。从此，临安作为南宋的首都有一百五十多年。

随着宋高宗的南渡，皇室贵族和大小官僚也纷纷逃到南方。南宋统治者把临安作为偏安一隅的"乐园"，把中原的失地和人民忘得干干净净。

▲ 宋高宗赵构像

临安在北宋时就是一个大都市，人口有四十多万。南宋在这里建都后，人口很快就增加到七八十万（有的说有一百多万），市面显出了空前的繁荣。城内，有各种手工业作坊，如油作、木作、砖瓦作、玉作、翠作、腰带作等，产品种类极多，质量也很好。特别是郊区凤凰山下所烧的瓷器，精致莹澈，驰名全国。大街上，有卖金银珠宝的商店，有卖彩帛布匹的商店，也有卖饮食的、卖铁器的、卖杂货的，各种店铺，应有尽有。并且还有许多官僚开设"长生店"（当铺），用高利贷来盘剥城市贫民。

值得注意的是，临安的海运交通非常发达。宋政府在这里设有市舶司，专门管理海舶出入登记，发给公据、公凭，征收货税及收买舶货等事。钱塘江口经常有装载各种货物的船只往来出入。外国商人以珍宝、香料来换取中国的丝绸、瓷器和手工艺品。据说，那时和南宋通商的国家有五十多个。不难想见，到临安来的外国商人一定不少。

南宋统治阶级，一方面向金屈辱讲和，来换取苟安局面；一方面加紧压迫剥削劳动人民，来维持自己豪华享乐的生活。宋高宗在临安城大修宫殿，在宫内修建假西湖，用金银制成水禽和鱼类放在湖里观赏。宁宗时，大臣韩侂胄（tuō zhòu）在临安长桥南修盖了华丽的楼台亭园。理宗时，大臣贾似道在西湖葛岭修建了规模巨大的别墅——半闲堂。他们穷奢极欲，醉心淫乐，置国家于不顾。无怪诗人林昇愤慨地说：

"山外青山楼外楼，西湖歌舞几时休？暖风熏得游人醉，直把杭州作汴州（指开封）！"

（曹增祥）

八字军

　　南宋政权在建立初期，一直处在漂泊移徙、动荡不定的情况下。为了取得人民对新政权的信任，宋高宗起用了坚持抗战的李纲做宰相。李纲坚决反对议和，向宋高宗提出了施政的十项建议，积极准备北伐。李纲能够看到当时北方人民抗金的伟大力量，主张联合各地的义军来夹击金军。为了收复中原，他派张所为河北招抚使、傅亮为河东经制使，分别在大名（今河北省大名县南）、陕州（今河南省陕州区）设立招抚司，专门办理招集义军的工作。

　　女真统治者在灭辽以后，进一步对黄河南北各族劳动人民——特别是对汉族人民，加紧武装掠夺和民族压迫。黄河两岸各地的人民，纷纷团结起来，展开自卫的战争。靠山的结为山寨，傍水的结为水寨，其中最著名的是太行山区的"八字军"。

　　八字军为了表示他们抗金的决心，每个人脸上都刺着"赤心报国，誓杀金贼"八个字，所以人们称他们为"八字军"。八字军的首领王彦，原来是宋朝的都统制，曾经隶属于张所的部下。1127年秋天，张所派王彦率领部将岳飞等部众七千人渡过黄河，抗击金兵，收复了新乡。后来不幸被金兵包围，八字军部众溃散，王彦便率领余部退到太行山。从此，王彦便领导了八字军。由于八字军英勇顽强的斗争，各地的忠义民兵，如傅选、孟德、刘泽、焦文通等十九寨义军，都自愿接受王彦的领导。他们的声势不断扩大，由七百余人迅速发展到十万余人。他们在太行山上，建成绵亘数百里的山寨，寻找机会，邀击金兵；等到金兵大举进攻时，他们就"且战且行"，转移阵地。他们和金军打了一百多次仗，给了金军沉重的打击。

有一次，金军统帅命令他的部将们一起向八字军进攻，这些部将们都跪下哀告，说："王都统（王彦）的营垒像铁石一样坚强，根本没有办法攻克，如果你一定要逼着我们去，就请你把我们处死吧，我们是没有胆量去进攻的。"金军统帅没有办法，只得改变策略，派遣骑兵去截断义军的粮道。王彦听到了这一军报，亲自率领义军在中途邀击，大败金军。八字军的声势从此更加盛大，成为金军后方一支非常活跃的抗金力量。

（张习孔）

35

黄天荡之役

　　宋高宗建炎三年（1129）春天，金军大举南侵，直逼扬州，宋高宗从扬州逃往江南。1130 年 1 月，南宋防守长江防线的杜充兵溃投降，金兵渡过长江，占领了建康，攻陷了临安。宋高宗逃到越州（今浙江省绍兴市）、明州（今浙江省宁波市）、定海，最后被逼乘船逃到海上，在浙江沿海漂泊了三四个月。

　　当金兵南侵时，南宋的人民，纷纷奋起抵抗，到处袭击敌人，截断敌人的粮道。金兵统帅兀术（wù zhú）感到自己留在江南的兵力太单薄，害怕腹背受敌，不得不于 1130 年春天从江南往北撤退。

　　当时，韩世忠正驻防在今上海松江一带，他探知金兵有北撤的企图，随即带领八千人马移驻镇江，在长江的金山（山在江中）一带险要地方布防，准备截江阻击金兵。

　　金兀术调动全部兵力，打算强渡长江。韩世忠和他的夫人梁

▲ 韩世忠像

▲ 梁红玉（韩世忠妻）

氏指挥宋军在镇江附近的黄天荡严密戒备，截断金兵归路。金军到来以后，宋军奋勇杀敌，梁氏擂鼓助战，士气异常高涨。金兀术无法渡江，被韩世忠的部队严密地封锁在黄天荡。

金兀术觉得渡江不得，战又不利，派人来向韩世忠求和，表示愿把掠夺的财物全数留下，希望宋军让他们渡江北归，韩世忠不许。金兀术无计可施，要求和韩世忠当面谈判。韩世忠提出两个条件：一是归还金军侵占的全部土地，二是把掳去的宋朝皇帝徽宗、钦宗立刻送还。

金兀术看到求和不成，于是在黄天荡一带抢劫了一千多条民船，准备趁黑夜突围，结果遭到了宋军的坚强反击。金兵在黄天荡被韩世忠军阻截了四十八天，后来，金兵偷偷地开凿了一条通往长江的大渠，在一个夜晚，驾着小船，一面纵火，一面放箭，在宋军防守薄弱的地方突出重围，仓皇逃去。

（张习孔）

岳家军

宋代著名英雄人物岳飞（1103—1142）的抗金事迹，数百年来在人民心中留下了不可磨灭的印象。

1129 年至 1130 年，金兀术率领大兵南下，长驱直入长江以南沿海地区，原想一举消灭南宋政权，但是遭到了各地人民的英勇抵抗，受到了严重的打击。岳飞率领的部队，在广德（今安徽省东南）一带，屡次挫败金兵，取得很大胜利。1130 年，"岳家军"在常州（今江苏省南部）一带打了好几次胜仗，金兵被迫退到镇江以东地方。在各地人民的沉重打击下，占领建康（今江苏省南京市）的金兵打算从静安镇（今江苏省江宁区西北）渡江逃跑。岳飞探明敌人撤退的情况后，随即率领部众直趋静安，在清水亭，又把金兵打得大败，并且乘胜收复了建康城。

"岳家军"转战各地，纪律严明，即使在粮草接济不到的时候，也不侵犯民间一草一木。他们的口号是："冻死不拆屋，饿死不卤

（劫夺）掠。""岳家军"对人民秋毫无犯，受到了广大人民的热烈拥护和爱戴。

"岳家军"是南宋初年抗金的一面旗帜。在长期战斗中，他们在敌人面前，充分表现了有进无退的精神；即使敌兵常常使用排山倒海之力，也不能把他们的阵营稍稍动摇，因而在敌人军营中对"岳家军"也有了这样的评语："撼山易，撼岳家军难！"

（张习孔）

37

郾城大捷

　　宋高宗绍兴十年（1140）夏天，金兀术再次兴兵南侵，战线东起淮河下游，西到陕西。南宋政府派岳飞带兵到河南去抵抗。这时，在东路，南宋将领刘锜在顺昌（今安徽省阜阳市）大败金兵主力；在西路，另一南宋将领吴璘，坚守扶风（今陕西省扶风县），金兵屡攻不下；北方的民兵，在金兵后方异常活跃。

　　岳飞北上以后，把大本营屯驻在郾城（今河南省郾城区）。在大举进攻之前，岳飞一面派遣部将牛皋（gāo）、张宪等人，分路收复河南各地；一面又派遣义军首领梁兴等人重返太行山区，组织和领导河北地区的民兵，策应北上的军队。在很短的时期里，宋军先后收复了颍昌（今河南省许昌市）、郑州、洛阳等地。宋军的声势震动了中原。

　　金兀术为了阻止岳飞的进攻，亲率精锐的"铁塔兵"和"拐子马"一万五千余骑，从开封南下，向郾城反扑。"铁塔兵"是兀术

▲ 《精忠传》插图（叙述岳飞精忠报国的故事）

的侍卫亲军，士兵"皆重铠全装"，看起来好像铁塔一般。"拐子马"指的是左右翼骑兵。兀术每次作战，照例以"铁塔兵"列在正面，"拐子马"布列两侧，一齐冲锋。岳飞看见兀术亲自率兵来攻，于是命令自己的士兵，和敌人骑兵交战时，各人都手持麻扎刀、大斧，上砍敌人，下砍马腿。双方自申时（指下午三点到五点）鏖（áo）战到天色昏黑，金兵大败而逃，"岳家军"取得了辉煌的胜利。

郾城大捷，鼓舞了北方人民抗金的勇气。中原地区的广大人民，争先恐后地给"岳家军"运粮食，做向导，送情报。在人民的支持下，"岳家军"乘胜攻下了朱仙镇（在开封市附近）。岳飞看到汴京快要收复，兴奋地对战士们说："我们很快就要直捣敌人的老巢——黄龙府，到那时，为了庆祝胜利，我要同大家痛饮一场！"

（张习孔）

秦桧

　　为了纪念宋代民族英雄岳飞，人们在杭州西湖风景秀丽的栖霞岭南麓，特意营建了一座岳王墓；墓前，还有一对用生铁铸成的秦桧夫妇跪像。

　　秦桧是陷害岳飞的奸臣。北宋末年，金兵第一次南侵时，宋统治集团中的主和派主张与金谋和，秦桧自告奋勇当了求和"使者"。后来秦桧被金兵俘虏，他就和金贵族拉上了关系。1129年，金大将挞懒带兵由山东向南侵犯，秦桧被派作他的军事参谋，一同随军南下。金兵围攻楚州（今江苏省淮安市）时，所发布的劝说楚州军民投降的文告，便是秦桧写的。1130年，秦桧携带全家大小从金占领区回到南宋。当时有很多正直的官员都纷纷议论，说秦桧是奸细；可是由于秦桧的卖国活动和宋高宗的投降意图正相吻合，因此他得到了宋高宗的信任，在回到南宋后的第二年就当上了宰相。

当岳飞在郾城大败金兵取得决定性胜利时，秦桧认为这对自己的投降政策很不利，便急忙下令要岳飞迅速班师。岳飞拒绝执行这个命令，坚请进军北伐。秦桧就下令先将其他各路军撤退，然后以"孤军不可久留"为借口，迫令岳飞退兵。在这种情况下，岳飞不得不忍痛撤兵。他愤慨地高叫道："十年之功，废于一旦！所得诸郡，一朝全休！社稷江山，难以中兴！乾坤世界，无由再复！"中原一带的老百姓都拦住岳飞的马痛哭留阻。岳飞拿出诏书给百姓看，说："我不能违抗命令！……"

一年以后，岳飞遭到秦桧的诬陷，被逮捕下狱。绍兴十一年十二月末（1142年1月），审理岳飞案件的官吏遵照秦桧的指示，硬诬陷岳飞有谋叛朝廷的罪名，将他毒死。岳飞临死前，什么话也没有说，只在奸臣们事先拟好的"供状"上写了八个大字："天日昭昭！天日昭昭！"他的部将张宪和长子岳云同时被害。

在岳飞被害前不久，南宋统治者和金人订立了屈辱的和约。和约规定：宋对金称臣，并将东自淮河西到大散关（今陕西省宝鸡市西南）以北的土地划归给金；每年宋给金二十五万两银和二十五万匹绢。

和议告成后，秦桧愈加专横无忌。凡是主张抗金或同情岳飞的人，无不遭到他的陷害。有一个保卫商州十年之久，名叫邵隆的军官，在州城割让给金以后，常常秘密派兵化装出外袭击金兵。秦桧知道了以后，把他调到内地，用毒酒害死。岳飞的爱将牛皋年已六十一岁，秦桧还是对他放心不下，竟指使自己的党羽利用宴会机会把他毒死。

绍兴二十年（1150），有一个名叫施全的军士，趁秦桧上朝的机会向他行刺，没有刺中，施全被捕。秦桧亲自审问，施全慷慨激昂地说："全国人民都想杀金兵，只有你一个人偏偏不肯，所以我就要刺死你！"

（张习孔）

唐宋八大家

　　唐宋时代，在我国散文领域出现了一个崭新局面，产生了许多有名的作家，其中最著名的有：唐代的韩愈、柳宗元，宋代的欧阳修、王安石、苏洵、苏轼、苏辙、曾巩，文学史上把他们合称为"唐宋八大家"。

　　魏晋南北朝时，文风日益趋向绮靡华艳，文坛上占统治地位的骈体文，只注重声韵和谐、对偶整齐和辞藻的华丽，不注重内容。一些比较进步的文人，相继起来反对这种浮艳的文风。到了唐代，韩愈等人更加大力从事"古文"（指先秦、两汉时候的散文）的宣传和写作。于是，古文的写作，渐渐成为一种社会风尚。

　　韩愈（768—824），字退之，邓州南阳（今河南省南阳市）人。他是古文运动的倡导者，也是我国历史上著名的古文家。他提倡古文，反对骈文，要求文学有思想内容。他所写的散文内容丰富，形式多样，气势磅礴，说理透辟。在语言运用上，他善于创

▲ 韩愈像

▲ 柳宗元像

造性地使用古代词语，推陈出新，句法灵活，有很强的表现力。尤其是他的杂文，短小精悍，感情充沛，对许多社会现象进行了大胆辛辣的讽刺。他的著作有《韩昌黎集》四十八卷。

柳宗元（773—819），字子厚，河东（今山西省永济市）人。他是古文运动的积极支持者。他的寓言、讽刺散文和山水游记，最富有创造性。他的文章充满了强烈的爱憎感情。比如，在《黔之驴》一文中，他辛辣地讽刺了官僚社会中那些徒有其表、虚张声势之徒，其蠢如驴，他们恃宠而骄、得意忘形，结果遭到自取灭亡的下场。再如，在《捕蛇者说》一文中，他深刻地揭露了赋税的毒胜过蛇毒，具体地描写了人民在封建剥削下的无比痛苦。他的山水游记，文字清新秀美，内容不仅仅是纯客观地描绘自然，而且也渗透着自己痛苦的感受和对丑恶现实的不满情怀。他这方面的代表作是《永州八记》。

欧阳修（1007—1072），字永叔，号醉翁，庐陵（今江西省吉安市）人。他的文章明畅简洁，丰满生动；无论写人、写事、写景，都能以简练的笔墨，渲染出十分浓郁的抒情气氛。他的《醉翁亭记》《秋声赋》等文，最能表现这种独特的艺术风格。他还写过许多结构谨严、语言明快的政论性文章，如《与高司谏书》《朋党论》等。

王安石在宋神宗时，担任过宰相。他不但是一位大政治家，也是一位大文学家，他的文章，以欧阳修学术的论说文居多。尤其是他的政论文，在"唐宋八大家"中，是最突出的。他的文章的特点是：结构谨严，论辩透辟，语言简练有力，概括性强。例如，《上仁宗皇帝言事书》和《答司马谏议书》等一类为变法服务的作品，不但表达了作者的进步思想，而且也显示了作者在政论文方面的优异才能。

苏轼（1037—1101），字子瞻，号东坡居士，四川眉山人。他和父亲苏洵、弟弟苏辙，被合称"三苏"。苏轼有多方面的文学才能，古文、诗、词都写得很好。由于他在政治上不得意，大部分时间被贬谪，有机会接触人民的

▲ 苏轼像

▲ 曾巩像

生活，因此写出了许多具有一定现实内容的作品。他的笔记文《志林》，文字简练，情趣生动，在艺术上具有很显著的特色；他写的亭台记，如《喜雨亭记》等文，笔触轻松，明朗流畅。苏洵和苏辙在文学方面也有相当大的贡献，但都不如苏轼的成就大，这里就不详细介绍了。

曾巩（1019—1083），字子固，江西南丰人。他的政治态度比较保守，曾在神宗面前批评过王安石；不过在文学见解上，却和王安石很接近，也反对形式主义的文章。他的散文结构谨严，风格朴实，语言简洁犀利，曾给后代以相当大的影响。他的著作有《元丰类稿》。

（张习孔）

40

宋初四大类书

　　类书，就是摘取群书，分门别类编排而成的书籍。宋初编修的四部大型类书是《太平御览》《太平广记》《文苑英华》《册府元龟》。

　　《太平御览》是太平兴国二年（977）春，宋太宗命令大臣李昉等编撰的。到太平兴国八年十二月（984年1月）完成，前后历时近七年。这部书初名《太平总类》，书成后，宋太宗每天阅读三卷，一年的工夫全部读完，于是改名为《太平御览》（简称《御览》）。全书共分"天""地""州郡""封建""治道""时序""人事""刑法""服用""疾病""工艺"等五十五门，共一千卷，征引古书多至一千六百九十种。

　　《太平广记》专门收集自汉代至宋朝初年的野史、小说。因为成书于太平兴国年间，又和《太平御览》同时编纂，所以名为《太平广记》。这部书也是李昉等人奉宋太宗的命令集体编纂的。从太平兴国二年（977）春天开始，到第二年秋天完成，共五百卷，目录十卷。全书按题材分为九十二大类，一百五十余细目。《太平广记》给了后世研究戏曲、小说史的人很大帮助。据记载，南宋时的"说话人"（就是后来的说书人），从小都得学习《太平广记》；宋元时人编的话本、杂剧，就经常以《太平广记》中的故事为题材；明清时人写的小说、戏曲，也有很多取材于这部书。

《文苑英华》也是宋太宗时命令李昉等人编修的，这是一部诗文总集。南北朝时，梁昭明太子萧统曾编选过《昭明文选》。《文苑英华》就是继《昭明文选》以后，包括从梁到唐的另一部诗文汇编。这部书从太平兴国七年（982）修起，到雍熙四年（987）修成，前后共费时五年。全书共一千卷，书中保存了大量古代诗文，为以后明代编成的《古诗纪》、清代编成的《全唐诗》《全唐文》等重要总集所取材。南宋彭叔夏考订了书中的错乱重复，写成《文苑英华辨证》十卷，可以作为使用这部大书时的参考。

《册府元龟》共一千卷，约九百万字。宋真宗景德二年（1005），下诏令王钦若、杨亿等编修一部有关历代君臣事迹的书。大中祥符六年（1013）书成，真宗亲自题名为《册府元龟》。

"册府"意思是书册的府库，"元龟"就是大龟。按照古人迷信的说法，龟卜可以知未来，所以凡是可以作为借鉴的事，就称为"龟鉴"。《册府元龟》的意思就是：这书是一部古籍的汇编，可以作为君臣的鉴诫。

《册府元龟》可以算一部大型的史料分类汇编，从上古到五代，按人事、人物，共分三十一部，一千一百零四门。书中对于唐、五代各朝史事，记载尤为详备，不但可以校史，而且可以补史。

（张习孔）

《资治通鉴》

北宋司马光（1019—1086）领导编撰的《资治通鉴》（简称《通鉴》），是我国著名的历史书之一。全书二百九十四卷，另附目录及考异各三十卷，上起战国，下迄五代，所载史实历一千三百六十二年。这书编修目的，从书名就可以知道："资"是"为"，"治"是"统治"，"通"是"从古到今"，"鉴"是一面"镜子"，合起来的意思就是，供给统治阶级从中吸取统治人民、治理国家的经验教训。出于这个目的，这部书

▲ 司马光像

▲ 《资治通鉴》残稿

对于历代"治乱兴衰"的重大史实叙述得很详细。

　　参加编撰这部书的人，除司马光外，还有刘攽（bān）、刘恕、范祖禹等人。刘攽担任两汉部分的撰写任务，刘恕担任魏、晋、南北朝部分的撰写任务，范祖禹担任唐、五代部分的撰写任务，最后由司马光总其成。司马光的儿子司马康担任文字的校对工作。从英宗治平三年（1066）开始编写，到神宗元丰七年（1084）修成，前后共历时十九年。

　　在《通鉴》的编修过程中，司马光付出了最大的劳动。据范祖禹说，司马光每天很早起床开始工作，一直到深夜才就寝。他每天修改的稿纸就有一丈多长，而且上边没有一个草字；等到《通鉴》修完，在洛阳存放的未用残稿，就堆满了两间屋子。司马光在他的进书表上说，"平生精力，尽于此书"，看来并不是虚语。

《资治通鉴》的编修共分两个时期：从 1066 年至 1070 年在开封编撰，为一个时期。这五年中，编完了周、秦、汉、魏几朝的历史，共七十八卷。从 1071 年至 1084 年在洛阳编撰，为另一个时期。这十四年中，编完了晋至后周几朝的历史，共二百一十六卷。

《通鉴》这部书自宋朝以来就为历史学者所推崇，并且有很多人模仿它，写成同样体裁的史书，如宋李焘的《续资治通鉴长编》、清毕沅的《续资治通鉴》等。

司马光等人在编撰《通鉴》时，除取材"正史"外，还采用了"杂史"三百二十余种。为了考辨异同真伪，一件事往往采用三四种书，要求做到求真求是。书中所记内容，大体平实可信。

《通鉴》一书在编写上，按年代顺序，排比史实（这种体裁叫作"编年体"），叙事简明扼要，文字精练生动；不但可以作为历史著作读，而且也可以当作古典文学作品读。

（张习孔）

《梦溪笔谈》

　　《梦溪笔谈》的作者为北宋时人沈括，他是钱塘（今浙江省杭州市）人，生于仁宗天圣九年（1031），死于哲宗绍圣二年（1095）。

　　沈括做过沭（shù）阳（今江苏省沭阳市）县的主簿（主管文书簿籍的官），在"昭文馆"承担过编校书籍的任务，也做过专门管理天文、历法的工作。1075年，他一度充当划定宋、辽边界的外交使者。后来，他做鄜（fū）延路经略安抚使，成为一方的军政长官，在抵抗西夏入侵的斗争中，为国家立了很大功劳。

　　沈括在政治上一贯支持王安石的新法，因而遭到守旧官僚的痛恨。王安石罢相以后，那些顽固官僚们，不断借机攻击、排挤沈括，使得他对官场生活感到十分厌倦。1088年，他到润州（今江苏省镇江市）隐居。在这里，他埋头研究学术，专心从事《梦溪笔谈》的著述。

▲《梦溪笔谈》书影（局部）

《梦溪笔谈》共二十六卷，另有《补笔谈》三卷，《续笔谈》一卷，是用笔记体裁写的，总计六百零九条。这部书的价值可以归纳为下列几点：

1. 对自然科学方面的贡献。 沈括曾用三个月的时间，来观测北极星的位置，并绘制了二百幅图，结果证实北极星和北极相距三度多。他对虹的成因，做了科学的解释，他认为虹是由于日光照射雨点发生折射现象产生的。他在历法方面，主张取消闰月，定一年为十二个月，大月三十一天，小月三十天。这个办法可以避免计算和安排闰月的麻烦。在《梦溪笔谈》中，还记载了用木料制作立体模型地图和用比例尺绘制天下郡县图的方法。在地质学方面，沈括发现太行山的崖壁上有许多蚌壳，因而提出了这一带在古代可能是海岸的推理。

2. 对历史学方面的贡献。《梦溪笔谈》中有很多对于重要历史事件的记载，可以补史书之不足。比如，有关宋代庆历年间（1041—1048）毕昇发明活字印刷术的事实，书中就有很详细的叙述。特别是对993年四川王小波、李顺所领导的农民起义一事，记载尤为翔实。据该书讲：王小波等起义失败后，李顺在民间隐藏了三十多年。这个记载和一般官书所说不同，它揭穿了官修史书上所称李顺被官兵捕获的谎言。

3. 对文学、艺术方面的贡献。《梦溪笔谈》内容丰富，包括有遗文旧典、小说家言，后人可以从中取得丰富的材料。书中还有专门讨论音乐和美术的篇章，议论都很精辟，反映了作者的独到见解。

《梦溪笔谈》记录了沈括的科学研究成果，它是我国古代一部很重要的学术著作。

（张习孔　曹增祥）

43

李清照

▲ 明·仇英《千秋绝艳图》(李清照像)

北宋末年，词坛上出现了一位杰出的女词人，她就是李清照。

李清照（1084—1155），号易安居士，历城（今山东省济南市）人。她的父亲李格非，是学者兼散文作家；母亲也长于写文章。李清照自幼受家庭的教养，年轻时就有很高的文学修养。她的丈夫是太学生赵明诚，夫妇两人都喜欢收藏金石书画，他们合著的《金石录》，对考古学有一定贡献。

金兵南下，先后占领了河北、山东一带，李清照夫妇逃难到江南。在混乱的局势中，赵明诚病死在建康。此后，李清照便一个人漂泊于台、越、衢、杭诸州（均在今浙江省），在颠沛流离的生活中，度过了寂寞困苦的晚年。

李清照是个多才多艺的女作家，她的诗和文都写得很好，尤其精于填词。她的作品里，描绘的形象很生动具体，富于感情，语言也很精练。她在南渡以前，过的是比较安逸宁静的生活，这时她的词的主要内容是描写对爱情的要求和对自然的喜爱。在风格上，她的词的特点是婉约清新。

南渡以后，李清照面对着苦难的现实遭遇，所填的词感情极为沉痛，风格上也渐趋向苍凉凄楚。例如，她的《声声慢》一词，一开始就运用了"寻寻觅觅，冷冷清清，凄凄惨惨戚戚"七对叠字，来抒写自己悲愁寂寞无法排遣的痛苦。末尾两句"这次第，怎一个愁字了得？"更反映出作者愁绪的错综复杂。这种愁苦的情感，是由许多方面的原因造成的；它所包含的内容，不光是个人的不幸，而且是带有时代和社会的因素的。

李清照生平著作，据《宋史·艺文志》所载，有《易安居士文集》七卷、《易安词》六卷，可惜这些集子后来都散佚了。现在还保存的《漱玉词》是后人辑录的，收有五十首左右的词，仅仅是李清照作品的一小部分。

（张习孔）

辛弃疾 陆游

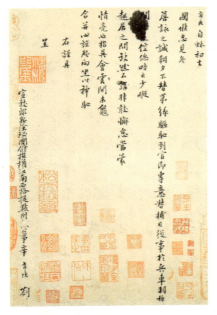

▲ 南宋·辛弃疾《去国帖》（局部）

辛弃疾（1140—1207），字幼安，号稼轩，历城人。他出生的年代正是北宋灭亡后的第十三年。他二十一岁时，组织了一支抗金的队伍，第二年，他带着这支队伍参加了耿京领导的抗金义军。后来耿京为叛徒所杀，辛弃疾亲自率领五十多人袭入金军营中，将叛徒活捉，缚送到建康。他这种英勇的爱国行为，受到了广大人民的热烈赞扬。辛弃疾投归南宋后，屡次向朝廷提出收复失地的主张，都未被接受。

他对南宋统治阶级的庸弱表示愤慨，对沦陷在金贵族统治下的人民表示关怀；他时刻不忘失地的收复，希图根本改变宋朝衰弱的处境。他把自己这种愤激、壮烈的感情，写进了许多词里：

> 渡江天马南来，几人真是经纶手？长安父老，新亭风景，可怜依旧。
>
> 夜半狂歌悲风起，听铮铮、阵马檐间铁。南共北，正分裂。
>
> 道男儿到死心如铁，看试手，补天裂。

他责问南宋君臣，有几个真正是治理国家的能手？他指出，国土沦丧，山川风景固然依旧，可是却无人关心受难的北方父老。半夜风起，挂在屋檐下的"铁马"（薄铁片，有风吹动，就相互碰击出声，人们用来测风）铮铮作响，不禁激发起一个具有爱国心肠的人的万千感慨。美丽的山河，"南共北，正分裂"，难道可以允许这种现象长期存在下去吗？"看试手，补天裂"，作者满怀着雄心壮志，发出了多么豪迈的声音！

> 何处望神州？满眼风光北固楼。千古兴亡多少事？悠悠，不尽长江滚滚流。
>
> 年少万兜鍪（móu，"兜鍪"为头盔），坐断（占据）东南战未休。天下英雄谁敌手？曹刘。生子当如

孙仲谋。

这首词借古喻今，表达了作者晚年时对国事深刻关怀的悲愤心情。作者通过对孙权这样一个奋发有为的历史人物的思慕，间接地对南宋最高统治者那种屈辱妥协的行为进行了抨击。

辛弃疾流传下来的词，共有六百多首。他的许多词，在思想内容上和艺术造诣上，都达到了很高的水平。

陆游（1125—1210），字务观，号放翁，越州山阴（今浙江绍兴）人。他比辛弃疾大十五岁，但比辛弃疾晚死三年。陆游留下了近万首诗，全面深刻地反映了他所处的时代。他的很多诗篇，充满了慷慨激昂的爱国感情，如"汴洛我旧都，燕赵我旧疆""幅员万里宋乾坤，五十一年仇未报"等类句子，在他的诗集里，举不胜举。陆游痛恨残暴的金贵族统治者，深刻同情处于苦难中的人民，热切渴望宋朝已失国土的收复。在一首诗里，他这样写道：

三万里河东入海，五千仞（古时以八尺或七尺为一仞）岳上摩天。遗民泪尽胡尘

▲ 清·佚名《陆游像》

里，南望王师又一年。

这诗的大意是：祖国的山河无比雄伟壮丽，在金贵族占领的地区，人民正遭受着无尽的痛苦。可是，南宋政府却从来没有收复失地的打算。人们年年"南望王师"，年年感到失望。

陆游为祖国歌唱了一生，直到临死的前夕，他还念念不忘收复失地的事业，写出了一首感人至深的《示儿》，诗道：

死去原知万事空，但悲不见九州同。
王师北定中原日，家祭无忘告乃翁。

（张习孔）

宋朝四大书法家

　　我国的书法艺术，到宋朝有了很大发展。宋代书法家很多，其中最著名的是苏轼、黄庭坚、米芾（fú）、蔡襄四人，他们被称为宋代的"四大书法家"。

　　苏轼不仅在文学上有很高成就，在书法方面也有很高成就。他的书法艺术风格的特点是潇洒丰润，豪放活泼。他长于行书，他的字受到唐代大书法家颜真卿和五代时书法家杨凝式书法的影响。他为了精研书法，曾下过苦功。他揣摩古人的笔意，推陈出新，突破了晋唐以来书法的传统，创造了自己独特的风格。存世的苏字真迹，有《黄州寒食诗帖》《赤壁赋》《祭黄几道文》等。

　　黄庭坚（1045—1105），字鲁直，号山谷道人，洪州分宁（今江西修水县）人。他的楷书、行书、草书都好，风格雄健秀美。他学习晋代大书法家王羲之和唐代大书法家张旭的笔意，加以变化，自成一格。存世的黄字真迹，碑刻有《狄梁公碑》，墨迹有

▲ 北宋·苏轼《黄州寒食诗帖》

《松风阁诗》《王长者史诗老墓志铭》《华严疏》等。

米芾（1051—1107），字元章，号海岳外史。因为他长期住在湖北襄阳，所以人们又称他"米襄阳"。他曾做过礼部员外郎的官，古时把礼部的郎官称为"南宫舍人"，所以人们又称他"米南宫"。他的行书、草书都自成一家。他对书法艺术的看法，主张在继承传统的基础上发展创造，既不墨守成规，也不否定传统。他认为书法贵乎天真自然，流露个性，反对矫揉造作，装腔作态。米芾学习书法十分刻苦认真，据说他没有一天不专心临摹所藏的唐人真迹。他除了是一位大书法家，还是一位名画家，他惯用大小墨点，画云山雨树。米芾的画，人们称之为"米家云山"，是山水画中的一个新流派。米芾的墨迹，存世的有《蜀素帖》《米芾二帖册》《法书三种》等。

蔡襄（1012—1067），字君谟，福建仙游人。他的书法学习唐颜真卿，兼取法晋人。他的草书参用"飞白法"，写得非常精妙。所谓"飞白"，是写出来的字笔画中露出一丝一丝白道，像枯笔写成的一样。他传世的真迹，碑刻有《万安桥记》《昼锦堂记》，墨迹有《谢赐御书诗》等。

（蒋震）

46

宋朝著名的画家

　　绘画到了宋朝，进入了一个新的发展阶段。这时山水、花鸟画由于比较正确地体现了现实主义的优良传统，已经可以和人物画分庭抗礼了。更重要的是，写生画和水墨画受到了足够的重视。至于绘画的题材，也比过去广阔得多。

　　宋朝开国便设有"翰林图画院"（封建帝王御用的绘画机构），罗致了全国的画家，按照他们才艺的高下，分别给以不同的职衔，这对专业画家的培养起到一定的作用。翰林图画院的画家，现在有名可考的有一百七十多人，其中著名的有李成、范宽、李唐、刘松年、马远和夏珪。此外，还有以画人物著名的李公麟和擅长界画（用界尺作线，画成宫室楼台，谓之"界画"）的张择端等人。

　　李成（919—967），字咸熙，先世为唐宗室。他的山水画，最初师法唐末画家荆浩，后来加以发展变化，创出与荆浩不同的风格。他落笔简练，墨法精微，能"扫千里于咫尺，写万趣于指

▲ 五代宋初·李成《读碑窠石图》摹本

下"。他的作品有宋代摹本《读碑窠石图》。

范宽（950—1032），名中正，字中立。画山水初学荆浩、李成，后来感到"与其师人，不若师诸造化"（意思是说不如向真实的大自然学习），于是迁居终南山，对景造意，写山真貌，自成一家。存世作品有《溪山行旅图》《雪山萧寺图》等。

李唐（1066—1150），字晞古。他的画风对整个画院中的山水画派，有很大影响。他的存世作品有《晋文公复国》《江山小景》《万壑松风》《清溪渔隐》等图。

刘松年（约 1155—1218），南宋杰出画家，钱塘人。他的山水画，笔墨精严，设色妍丽，善于表现山明水秀的江南景色。存世作品有《四景山水图》《溪亭客话》等。

马远（约 1140—约 1225），原籍河中（今山西省永济市），生长于钱塘。他的山水、人物、花鸟画，在宋画院中负有盛名。他生长的时代是宋室南渡以后，所以他画山水多作残山剩水，具有深刻的含意，世人称之为"马一角"。他存世的作品有《踏歌图》《水图》等。

夏珪（生卒年不详），字禹玉，钱塘人。他的山水画，笔力遒（刚健、有力）劲，墨气淋漓。构图多突出近景一角，风格与

▲ 南宋·刘松年《四景山水图·秋》

马远相近，后人并称"马夏"。存世作品有《溪山清远》《西湖柳艇》等。

以画人物著名的李公麟（1049—1106），字伯时，号龙眠山人，舒州（今安徽省舒城县）人。他画人物、佛像，广取前人之长，发展了东晋画家顾恺之、唐代画家吴道子等各家的特长，运笔如云行水流，自成风格。他画的白描罗汉非常有名。"白描"是用墨勾线条，不着色，他是这种画法的创始者。存世作品有《维摩演教图》等。

开始重视现实习俗生活的描绘，打破过去画家专画历史人物与贵族生活的局限，这是宋代绘画的一个很大变化。北宋杰出画家张择端（生卒年不详）的《清明上河图》就是这种新题材的代表。

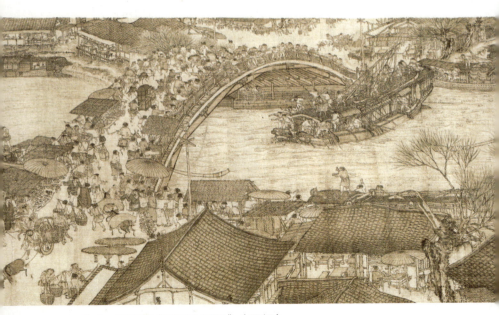

▲ 北宋·张择端《清明上河图》（局部）

张择端选择清明日汴京东门外一段繁盛地区的街景为题材来作画。在画中，可以看到汴河里船只往来、虹桥上车马不绝、街道上店铺林立的景象。可贵的是，画中突出了各业劳动人民各种劳动生活的场面。这幅画至今还在北京故宫博物院中保存着，它是我国绘画史上不朽的杰作。

（蒋震）

元朝 忽必烈

　　13世纪初，蒙古族的领袖成吉思汗，统一了蒙古各部，在蒙古地区正式建立了政权，并且同东南的金朝、西南的西夏，展开了多年的战争。1227年，成吉思汗病死，他的儿子窝阔台继为大汗。当时，南宋和金正处于南北对峙的局面。窝阔台即汗位后，继续对金作战，并且约南宋出兵夹攻金。1234年，金在蒙古军和南宋军联合夹攻下灭亡，蒙古贵族统治了中国北部。

　　金亡后，南宋朝廷希图收回黄河以南的土地，调兵进入开封，并从开封分兵进驻洛阳。宋军刚进洛阳城，蒙古兵即南下向宋军进攻。宋军大败，开封、洛阳得而再失。此后，蒙古统治者又从今青海一带进攻四川。另外，还在今湖北及长江、淮河之间，向南宋发动全面的攻势。

　　蒙古军遭到了南宋军民的坚决抵抗。南宋人民纷纷组织民兵，奋起保卫家乡。南宋的孟珙（gǒng）、王坚等将领，依靠人民，在今湖北、四川一带，长期坚持英勇的保卫战。

1258 年，蒙哥汗（成吉思汗之孙）亲自率领军队攻入四川，企图一举灭宋。不料，第二年，蒙哥在围攻合州（今四川省合川区）时负伤，死在军中（一说为病死）。这时，蒙哥的弟弟忽必烈正围攻鄂州（今湖北省武昌区）。南宋的奸臣、妥协派首领、宰相贾似道，统率各路大兵来鄂州援救，暗中却派人向忽必烈求和，愿意纳贡称臣，割让北地，要求双方以长江为界。忽必烈本来不想议和，后来知道蒙哥已死，蒙古贵族内部有人要拥立别人做大汗，他为了争夺汗位，就答应了贾似道的议和条件，匆匆撤围北还。而贾似道却向宋朝廷谎报军情，声称前线得胜，已经把蒙古兵打退。南宋统治者依然过着荒淫腐化的生活，根本不做战守的准备。

忽必烈回到开平（今内蒙古自治区多伦县东南），废除了由蒙古贵族会议选举大汗的制度，1260 年自立为大汗。同时，他的弟弟阿里不哥也在别的地方即了汗位，并且联合了一部分贵族和他作对。这样，蒙古统治集团内部便爆发了长达四年之久的内讧。

忽必烈为了增强自己的力量，依靠、利用汉族地主武装，起用一批汉族官僚，终于在争夺大汗的斗争中，获得了胜利。1264 年，他迁都燕京（今北京市）。1271 年正式定国号为"元"，改称燕京为大都。后世称他为"元世祖"。

忽必烈在北方稳定了自己的统治，又经过了几年的准备，便大举进攻南宋。在元军的进攻面前，南宋的军队一触即溃，各地大小官僚多半望风迎降，只有姜才、李庭芝、张世杰、陆秀夫、文天祥等少数文武大臣，领导江南人民进行了誓死不屈的反抗斗争。1279 年，南宋灭亡，元统一了全中国。

▲ 元·刘贯道《元世祖出猎图》（局部）

忽必烈不仅是一位出色的军事统帅，而且也是一位有魄力的政治改革家。在建立了元朝以后，他的政权承袭了宋、金以来中国封建政权组织的全部体制，并根据当时的需要加以变化、发展，对以后明、清两代有相当的影响。忽必烈废除了蒙古族地方长官的世袭制度，整顿了地方豪强的混乱统治，对蒙古诸王在封地内的专擅行为，也进行了某些限制。此外，他还采取了一系列保护和恢复农业生产的政策，并先后组织人力开凿了会通河（今山东省东平县至临清市的运河）和通惠河（自大都至通州）。这些措施，对安定久经战乱后的社会秩序和发展生产、繁荣经济来说，起了一定的积极作用。

忽必烈统治时期，结束了 12 世纪以来宋金对峙的局面，完成了全国的统一。

（之明）

文天祥

文天祥（1236—1283），庐陵（今江西省吉安市）人。在他少年时，南宋的政治已是非常腐败，国家的局势也一天比一天危急。文天祥从小就有救国的抱负。1256年，他在参加进士考试的时候，就大胆地提出了改革政治的主张。1259年，蒙古军队进攻鄂州。南宋的宦官董宋臣主张迁都逃避。文天祥就上书南宋皇帝，要求杀掉董宋臣，

▲ 清·叶衍兰《文天祥像》

并且提出了御敌的方案，但是没有被采纳。

忽必烈建立了元朝以后，派大军攻打南宋。1275 年，元军在安徽芜湖大败宋军，顺流东下，逼近南宋的京城临安（今浙江省杭州市）。这时，文天祥正在赣州（今江西省内）做知州。为了挽救危局，他立即号召人民起来抵抗，并且拿出自己的全部家产，积极招募士兵，组成了一支军队。他领着这支义军，赶去保卫临安。可是腐朽的南宋政府正在准备投降，对文天祥的抗元活动，不但不支持，反而给了许多限制和打击。

1276 年，元军攻到临安城郊。南宋政府不得已，任文天祥为右丞相，派他去元营谈判。文天祥在元营中，不怕威吓，当面指责元军的主帅，要元军退兵议和，结果被扣留。就在这时，南宋政府却向元军投降了。元军进入临安，俘虏了南宋的皇帝和许多王公大臣。

十多天以后，元军把文天祥押解去大都。在途中，文天祥趁机逃走，经历许多艰险，到了永嘉（今浙江省温州市）。不久，张世杰、陆秀夫在福州另立赵昰（shì）为皇帝，召文天祥前往。文天祥来到后，和张、陆同心协力，重新组织军队，继续抗元。1277 年，他进军江西，收复了好几处州县，后来被强势的元军打败。但是，文天祥并不气馁，他退到广东，坚持抵抗。

1278 年，赵昰死去。张世杰、陆秀夫又立赵昺（bǐng）为皇帝，并且把政府迁到厓山（在今广东省新会区以南海中）。文天祥则领兵在广东潮阳一带驻守。不久，元将张弘范率领大军攻入广东。在一次战斗中，文天祥兵败被俘。

文天祥被俘以后，张弘范押他一同到厓山，要他写信去招降张世杰。文天祥坚决拒绝，并且写了一首诗表明自己不屈的意志。诗的最末两句是："人生自古谁无死，留取丹心照汗青。"

1279 年春，张世杰、陆秀夫率领宋军，在海上同元军展开大战，结果宋军战败。为了不被敌人俘虏，陆秀夫背起赵昺投海而死。张世杰召集残军继续战斗，兵败突围，遇到台风，坐船被巨浪打翻，他不幸落海牺牲。南宋至此灭亡。

1279 年冬，文天祥被押送到大都，关进了监牢。元朝统治者千方百计地对他进行威逼利诱，要他归降。但是，他都坚决拒绝，毫不动摇。他在狱中写下了许多光辉的诗篇，来表明自己宁死不屈的决心。其中最著名的，就是《正气歌》。文天祥在这首诗中，引述了历史上许多英雄人物的事迹，来证明正气的不可屈辱，表示了对元朝统治者的蔑视。诗中每一字句，都包含了作者高贵的爱国感情，它深深地打动了人们的心弦。

1283 年，文天祥在大都柴市（今北京市交道口南）从容就义。他死后，人们在他的衣带里，发现他预先写好的赞文，最后几句说道："读圣贤书，所学何事？而今而后，庶几（将近、差不多）无愧！"这首赞文，充分表现了文天祥临死不惧、视死如归的精神。

（张习孔）

元曲

元曲是我国文学发展史上一支鲜艳的花朵，它是元代新兴的一种韵文文学，分散曲和杂剧两类。散曲是一种由诗词变化发展来的新诗体，杂剧是一种包括歌唱、音乐、舞蹈和完整故事情节的综合性艺术。在元代短短的几十年间，产生了大批优秀的作品，涌现出不少伟大的作家。在这些作家中，最著名的有关汉卿、王实甫、白朴和马致远。

关汉卿，大都人，是元代杂剧的奠基人。他一生共写了六十多个剧本，可惜大部分都已经散佚。现在流传下来的曲、白（对话）俱全的剧本有十二个，科（动作）白残缺的有三个，只保存着单支曲词的有两个。这些剧本题材广泛，内容丰富，其中有的写被压迫妇女的冤屈，有的写受迫害的人民与贪官恶吏的斗争，有的写历史上的英雄人物，有的写社会上的公案故事。由于关汉卿长期和下层人民在一起，对人民的痛苦生活有比较深刻的了解，因此，在他的剧本中，充满了对统治阶级的仇恨和对受压迫群众的同情。

《窦娥冤》是关汉卿杂剧的代表作品，也是现存的元代最好的杂剧之一。这个剧本描写了在黑暗统治下含冤而死的窦娥的悲惨命运，塑造了一个反抗强暴、至死不屈的光辉的妇女形象。窦娥在被绑赴法场的路上，因为不甘于向命运低头，所以大胆地向古代人所认为的世界的主宰——天和地，发出了斥责和呵骂：

> 天地也，做得个怕硬欺软，却原来也这般顺水推船。地也，你不分好歹何为地？天也，你错勘贤愚枉做天！

这是对暗无天日的封建统治秩序所表示的怀疑，也是对当时正义得不到伸张的现实社会所提出的控诉。作者通过剧中的主角——窦娥一生坎坷不平的遭遇，对封建社会的残酷现实做了无情的鞭挞，充分表明了作者的社会政治观点，敢于揭露当时社会的黑暗。

《救风尘》是一出优美动人的喜剧。在剧中，关汉卿描写了机智、正直的赵盼儿，她用非常巧妙而合乎人情的计策，与花花公子周舍展开斗争，把自己的同伴妓女宋引章从灾难中救了出来。

《单刀会》是关汉卿写的一出历史剧，它描写了三国时吴蜀两国的一场政治斗争：吴大臣鲁肃企图从蜀大将关羽手中索取荆州，设宴邀请关羽，想用威胁的办法达到目的。关羽毫无所惧，单刀赴会，凛然不屈。最终，鲁肃的计谋落空。

一百年以前,《窦娥冤》就已被译成法文,传到了欧洲。在亚洲其他国家,包括日本,也曾大批地翻译过关汉卿的作品。1958年是关汉卿戏剧创作的七百周年,世界各国许多城市都为他举行了纪念活动。

王实甫也是大都人。他的代表作《西厢记》,在元代杂剧中有着很高的地位。剧中描写了张生和崔莺莺的恋爱故事,歌颂了青年男女争取恋爱自由、向封建礼教斗争的胜利,具有强烈的现实意义。

白朴,隩州(今山西省河曲县附近)人。《墙头马上》是他最出色的作品,也是元代杂剧中著名的四大爱情剧之一(另外三个著名的爱情剧是关汉卿的《拜月亭》、郑光祖的《倩女离魂》和王实甫的《西厢记》)。剧中通过叙述一对青年男女的恋爱故事,尽力宣扬男女自由结合的合理性,表现了一种要求婚姻自主、反对封建礼教束缚的斗争精神。这个剧在思想性和艺术性上都很成功。

马致远,大都人。他的名著《汉宫秋》,是一部具有特殊艺术风格的历史

▲ 明·闵齐伋《西厢记》插图

剧。它描写的是汉元帝时宫女王昭君的故事。作者通过这个剧本，强烈地表达了他自己的反对当时元代蒙古贵族实行严重的民族压迫政策的思想感情。《汉宫秋》所突出的这种主题思想，是带有强烈的现实意义的，但这部作品的感伤情绪比较多。

元曲中的散曲，也叫"清曲"，包括"小令""套数"两部分。"小令"和词差不多，原是民间流行的小调。"套数"又叫"套曲"，是合一个宫调中的许多曲子而成的。元代散曲作家有作品流传下来的约有两百多人，在众多的作品中也有不少杰出的篇章。

（张习孔）

郭守敬

郭守敬（1231—1316），字若思，顺德邢台（今河北省邢台市）人。他在天文方面是个著名的仪器制造家和天象观测家。他制作的仪器很多，著名的有自动报时的"七宝灯漏"，观测恒星位置以定时刻的"星晷定时仪""日月食仪"等近二十种。这些仪器，比起前代来，有许多独创的地方，制法简易，使用方便，精准度高。可惜其中大部分原作已经失传。此外，他还建立了北京的司天台（天文台），并实测了各地的经纬度。

《授时历》是郭守敬在历法上的最大贡献，它比过去的历法有

▲ 郭守敬雕像

很大改进。它推算出一年的天数，与地球绕太阳一周的实际时间只相差二十六秒，和现行的公历的一年的周期相同。《授时历》从1281年起使用了四百年。它的开始使用，比现行公历的确立还早三百年。

在水利事业方面，郭守敬的贡献也很大。1291年春，他担任元政府都水监的官职，领导整修大都至通州的运粮河。经过一年多的时间，运河修通，定名通惠河。原来北京至通州间运河的开凿，是从金开始的，金开凿这条运河的目的在于把由大运河运到通州的粮食继续转运到京师。元在北京建都后，金开凿的运河已经荒废，如何解决大都漕运的问题，被提上了日程。在这方面，郭守敬发挥了卓越的才能。他根据自己勘测的结果，除了决定引用金曾经利用过的瓮山泊（今北京颐和园昆明湖）和高粱河（今北京西郊紫竹院水）的水源，还引用昌平城凤凰山山麓的白浮泉水和西山山麓的其他泉水，来解决水源不足的困难。经过精密的勘测，他设计了一条长达三十公里的河渠。这样，漕粮船只就可直接从通州驶入大都城的积水潭了。

在郭守敬的主持下，元政府还修复了黄河沿岸的许多主要的古代河渠，其中著名的有长达二百公里的唐来渠和长达一百二十五公里的汉延渠等。这些渠道的修复，对于当时西北地区农业生产的发展，起了重要的作用。

（张习孔）

黄道婆

▲ 法国·禄是道《中国民间崇拜》
（黄道婆像）

黄道婆生于宋末元初，出生在松江府（今上海市徐汇区）一个贫苦的劳动人民家里。据说她少年时给人家当童养媳，在黑暗的封建家庭里，备受虐待和屈辱。后来她实在忍无可忍，不惜离乡背井，一个人流浪到了海南岛的崖州。当时崖州的棉纺织技术很出名，当地黎族妇女所织的布，上面有各种花纹，非常精巧。她在崖州居住的时候，虚心向黎族人民学习,掌握了棉纺织的全部操作方法。1295 年至 1296 年间,黄道婆怀念家乡,便从海南岛搭上一艘商船重返故乡。

大约在东汉时代,棉花就从国外传入我国云南,居住在这个地区的少数民族哀牢人,那时便能生产出一种名叫"白迭花布"的纺织品。13 世纪中期以后,棉花逐渐由福建、广东地区传入长江流域。松江一带的老百姓对于棉种的输入,很是欢迎。棉纺织业在松江一带兴起很快。不过,那时去籽和轧棉的方法,都非常原始,纺织的技术也不高,生产的效率很低,因此,广大人民还不能普遍地穿着棉织品。要想适应社会日益增长的需要,改进纺织工具和提高纺织技术显然是一个亟待解决的问题。就在这个时候,黄道婆带着黎族人民的先进纺织技术回来了。她一回到家乡乌泥泾,就把在崖州学来的技术传授给家乡的人民。她教会家乡妇女们制造捍、弹、纺、织等工具。捍,就是搅车,又名轧车或踏车,应用简单的机械原理,利用两轴间相互碾轧,将棉籽从棉絮内部排挤出来,使轧棉的生产效率大为提高。弹,就是弹松棉花的椎弓。13 世纪后期,江南地区弹棉使用的小型竹弓,仅有一尺四五寸,还要用手指来拨弹,弓身短小,弹力轻微,而且用线作弦,很不坚韧。黄道婆制造了四尺多长的大弓,弦用绳子,比起以前所用的线弦,弹力要大得多。纺,就是纺车。松江地区最初纺纱使用的是一个纺锭的手摇车,黄道婆将这种纺车加以革新,创制了一种可以同时纺三个纱锭的足踏纺车。使用这种纺车,速度快,产量多,生产效率高。织,就是织布机。在黄道婆回乡以前,人们使用的是一种构造简单、操作方法笨拙的投梭织机,生产效率不高。黄道婆对于织机改革的详细情况,由于文献材料不足,已经不得而知。据说她创制的提花织机，可以织出各种美丽的花布，这确实是很了不起的。

黄道婆回乡以后，除了传授棉织技术，还把崖州黎族人民织造提花被单的技术也带了回来，传授给乌泥泾镇的妇女。一时间，"乌泥泾被"成为全国闻名的精细织品，受到各地人民的欢迎。据史书记载，那时乌泥泾人民依靠纺织为业的就有一千多家。此后，黄道婆所传授的纺织技术，很快地又传入上海及周边地区，对于这些地区的棉纺织业，起了很大的推动作用。

（张习孔）

红巾军

元顺帝时（1333—1368），社会阶级矛盾和民族压迫日益深刻，人民反抗元朝封建专制统治的斗争也越来越激烈。各地的起义前仆后继，终于发展成为以"红巾军"为主力的大规模的农民战争。

元顺帝至正十一年（1351），元政府以贾鲁为总治河防使，征发河南、河北等十三路民夫十五万人及庐州（今安徽省合肥市）戍军两万人，开掘黄河故道，整修黄河堤岸。在元朝官吏的鞭笞下，治河民夫日夜在泥淖地带辛苦工作。政府发给民夫少得可怜的一点工粮，又被治河官吏层层克扣，民夫们怨声载道，群情沸腾。白莲教（一种秘密宗教组织）首领韩山童、刘福通等，便利用这个有利时机，以白莲教组织群众，在民夫中积极活动，宣传"明王出世"的思想，并散布童谣说："石人一只眼，挑动黄河天下反。"同时暗地里制造了一个独眼的石人，埋在治河民夫集中劳动的黄陵岗

（今河南省兰考县东北）。一天，治河民夫们在这里挖出了这个石人，大家都惊诧不已，彼此辗转相告，没有多长时间，就传遍了整个工地。

刘福通等看到起义时机已经成熟，便在河北永年聚集了三千人，杀白马黑牛宣誓，编成起义军，拥立韩山童为明王，宣布起义。参加起义的人都用红巾包头，作为标志。人们把他们称作"红巾军"。

但是，起义布置得不够周密，元政府事先得到消息，派兵镇压，韩山童被捕牺牲，这次起义没有成功。后来，刘福通等逃往颍州（今安徽省阜阳市），正式举起反元的大旗，继续带领"红巾军"猛烈打击元军，攻下颍州，占领河南南部许多州县。全国各地农民到处响应"红巾军"，"红巾军"在短期内很快地发展到了十多万人。

（张习孔）

53

朱元璋

朱元璋（1328—1398），濠州（今安徽省凤阳县）人，出身于贫农家庭，幼年时给地主家放过牛。他十七岁时，安徽北部发生严重的灾荒，瘟疫流行，他的父母和大哥都先后染上瘟疫死去。朱元璋孤苦无依，没法生活，不得已到皇觉寺当了和尚。不到两个月，寺里的住持因为荒年没有吃的，把徒弟们都遣散了。朱元璋无处存身，只好去做游方僧，讨饭度日。

▲ 明太祖朱元璋像

▲ 郭子兴像

不久，朱元璋又回到了皇觉寺。全国反元农民大起义爆发后，元兵认为寺庙里容易隐藏起义军，放火烧了皇觉寺。朱元璋在生活逼迫、处境危险和友人劝说的情况下，参加了农民起义军。1352年，他投奔到"红巾军"领袖郭子兴部下，当了一名亲兵。

朱元璋参加起义军后，由于作战勇敢，吃苦耐劳，善于团结部众，很得郭子兴赏识，也深为同伴们钦佩和爱戴，因此逐渐成为农民起义军中的领袖。

1355年，郭子兴病死，他的部众全归朱元璋统率。第二年，朱元璋率领水陆大军攻下集庆（**今南京市**），将集庆改名为应天。集庆是元在东南一带军事和政治的重要据点。集庆的攻占，对于进军攻占整个江南地区有着重大的战略意义。在这以后的数年里，朱元璋击溃了江南元军的主力，先后攻占了现在江苏、安徽南部和浙江的大部地区。他常常告诫部下说："毋焚掠，毋杀戮。"他的军队纪律严明，所到之处受到人民的欢迎和拥护。

朱元璋攻下徽州的时候，召见了儒生朱升。朱升建议说："高筑墙，广积粮，缓称王。"朱元璋采纳了这个意见。从此，他便在江南有计划地网罗地主阶级知识分子，用礼聘、威逼、软硬兼施的手段，罗致了宋濂、刘基（**伯温**）和叶琛等人。这些人引经据典，用孔孟儒家学说帮助朱元璋来策划建立政权。

朱元璋攻下江苏、浙江、安徽广大地区以后，又集中兵力先后打败了割据一方的陈友谅和张士诚，并及时而正确地决定了北伐进军的重大策略。1367年，他命徐达、常遇春率兵二十五万分路北伐。1368年，在北伐进军的胜利声中，朱元璋即皇帝位，国号明，年号洪武，定都南京，正

▲ 徐达像

式建立了汉族封建政权。朱元璋就是后世所称的"明太祖"。这年9月，元顺帝从大都逃走，徐达等人率领大军进入大都（**后来明朝把大都改名叫北平**），元朝灭亡。

朱元璋顺应了当时全国人民反元运动的历史趋势，他一方面依靠反元人民大起义的群众力量，一方面取得汉族地主阶级的极力支持，成为当时反元斗争最后胜利的组织者和领导者。

（徐健竹）

靖难之变

　　朱元璋即皇帝位后，叫他的许多儿子学习兵事，分封他们到全国各地去做藩王。除了将长子朱标立为太子，其余的儿子分封为秦、晋、燕、周等王。开始分封的时候，虽然不让他们干涉政治，可是后来在与蒙古贵族残余势力斗争的过程中，边境几个藩王的兵权逐渐壮大了起来，以致发生了争权夺位的现象。"靖难之变"就是明朝皇室内部的一次争夺皇位的斗争。

　　朱元璋死后，太子朱标的儿子朱允炆以皇太孙的身份继承皇帝位（朱标早在朱元璋死之前就已死去）。朱允炆以建文为年号，历史上称他为"建文帝"。建文帝即位后，感到各藩王都是他的叔父，又都拥有重兵，对自己的威胁很大，于是采用齐泰、黄子澄等人的建议，开始实行削藩政策。他首先颁布亲王不得节制文武官员的禁令；接着把周王朱橚（sù）、岷王朱楩（pián）废为庶人，把代王朱桂囚禁在大同，齐王朱榑（fù）囚禁在南京，并逼迫湘王朱柏自杀。这样，在不到一年的时间里，便一连削废了五个藩王。当削藩威胁到了强大的藩王——燕王朱棣（dì）时，皇室内部的矛盾便由暗地的钩心斗角变成了公开的武装斗争。

建文元年（1399）秋天，朱棣指责当时掌握朝廷大权的齐泰和黄子澄为奸臣，从北平起兵反抗中央政府。他称自己的兵为"靖难军"，意思是说皇帝受到奸臣的包围，遭遇大难，他是出兵来解难的。建文帝听说朱棣起兵反抗，先后派耿炳文和李景隆率兵北伐，结果都被燕王打得大败。

第二年，燕王军从山东南下，被建文军盛庸、铁铉等部阻击，两军在山东及中原一带展开了拉锯战。

第三年，燕王在夹河（在今安徽省砀山县）打败了盛庸军，并把势力推进到淮河流域，准备和建文帝的军队决战。

1402 年，燕王攻下扬州，进而从扬州渡过长江，进逼南京。谷王朱橞和李景隆开金川门迎降，燕王占领南京，建文帝不知下落。燕王用武力夺得了皇位，改年号为永乐。朱棣就是后世所称的明成祖。

这一历时三年的皇位争夺战争，因为是在"靖难"的名义下进行的，所以历史上称为"靖难之变"。

（徐健竹）

迁都北京

▲ 明成祖朱棣像

明朝初年，退居漠北的蒙古贵族不甘心失败，随时都在准备南下反攻，企图恢复旧日的统治。朱元璋为了加强北方的防御力量，封他的第四个儿子朱棣为燕王，镇守北平。同时，还封了其他儿子为藩王，镇守在长城线上，和北平互相呼应。因此，北平成了当时的政治中心和军事重镇。

　　燕王通过"靖难之变"夺得皇帝的位置后，为了巩固自己的统治地位，也采取了削藩政策。削藩的结果是解除了各藩王的兵权，各藩王有的迁徙了封地，有的废除了封号。这样做，固然使君主集权的封建国家得到了进一步的巩固，可是另一方面，却出现了一个新的问题。原来担负北方边防任务的各藩王都被撤销了，北方的边防也就变得十分空虚。而这时，蒙古贵族的骑兵时时入侵，对明的北方边境造成了严重的威胁。在这种情况下，明成祖决定把都城迁到北平，采取以攻为守的政策，来加强北方的防御力量。

永乐元年（1403），明成祖把北平改名为北京。从第二年起，开始大规模营建北京。他派大臣到四川、湖广（包括今湖南省、湖北省）、江西、浙江、山西等地，去采伐粗大的木材，开凿巨大的白石，作为建筑材料。各种木材、白石、砖瓦、颜料以及金银、黄铜等物料，纷纷被运到北京。大批具有各种建筑技能的优秀工匠和上百万的民工，也从各地被征集来，参加劳役。

经过千百万人的辛勤劳动，到永乐十八年（1420），宫殿的主要部分和城墙完工了。就在这一年，明政府迁都北京并诏告全国。

（徐健竹）

土木之变

　　"土木之变"是指正统十四年（1449）明英宗在土木堡（在今河北省怀来县境内）被瓦剌军俘虏的一次事件。

　　瓦剌是蒙古族的一支。15 世纪中期，瓦剌控制了整个蒙古高原，瓦剌的首领也先，经常率领骑兵骚扰明的边境，掠夺人口和财物。

　　1449 年秋，瓦剌分兵四路向明进攻，也先亲率主力进攻大同。明军在大同北面的猫儿庄被瓦剌军打得大败。

　　瓦剌攻入的消息报到北京，专权的太监王振因为家在蔚州（今河北省蔚县），靠近大同，恐怕家乡被瓦剌军占领，便竭力唆使英宗在没有应战准备的情况下，亲自率军阻击。兵部尚书邝埜（kuàng yě）、兵部侍郎于谦等，都不同意王振的主张，竭力劝阻。但英宗受了王振的怂恿，不听大家的劝阻，他命令他的弟弟郕（chéng）王朱祁钰留守北京。邝埜随从率军阻击，于谦代理兵部事务。他限令两天内把出兵的事情准备齐全。随后，英宗和王振率领五十万大军仓促从北京出发。

8月中旬，大军到大同，遇上狂风暴雨，兵士又冷又饿，夜间自相惊扰，军中一片混乱。这时，明军在北边各战场上到处失利。大同镇守太监郭敬秘密地把各地惨败的消息告诉王振。王振惊慌失措，赶快退兵。明军退到宣府（今河北省宣化区），被瓦剌军追上，大败。这月末，明军退到离怀来西南只有二十多里的土木堡，为等候王振的一千多辆辎重车，没有进城，英宗等人夜间就留驻在土木堡。第二天，瓦剌军追到，包围了土木堡。土木堡地势很高，挖井两丈多深仍不能得到水，南边十里多路以外有一条河，也被瓦剌军控制了。明军被围两天，人马得不到水喝，处境万分危急。9月1日，瓦剌军假装退走，并派人来讲和。王振不知是计，一面派人议和，一面下令移营到河边去。正在明军阵势移动的时候，瓦剌骑兵突然从四面八方冲杀过来。明军兵士乱跑，秩序大乱，自相践踏。结果英宗被俘，随行的大臣死了几百人；五十万大军死伤一半，骡马损失二十多万头，盔甲、器械、辎重全被瓦剌军夺去。护卫将军樊忠用铁锤打死祸首王振，最后他自己也在突围苦斗中牺牲。

（徐健竹）

57

于谦

　　明英宗在土木堡战败被俘的消息传到北京，明朝统治集团乱成一团。这时北京城里只剩下不到十万老弱残兵，而且十个人中就有九个没有盔甲武器。

　　英宗的弟弟郕王朱祁钰奉太后谕监国（代皇帝管理国事），召集文武大臣商议国家大计。大臣们都束手无策，有的甚而公开主张逃跑。兵部侍郎于谦（1398—1457）主张坚决抵抗。他挺身而出，愤怒地斥责那些打算逃跑的人。他向郕王提出誓死保卫北京的建议，他的建议得到了一部分大臣的支持，并为郕王和皇太后所采纳。不久，于谦升任兵部尚书，他勇敢地担负起了保卫京师的重任。

　　1449 年 9 月下旬，朱祁钰即位做了皇帝，年号景泰，以第二年（1450）为景泰元年。他就是历史上所称的明景帝。

　　为了加强京师的防务，于谦下令调集各地军士来守卫北京，并派人分头到各地去招募民兵。他一方面加紧训练军队，严饬纪律；另一方面命令各地的工匠日夜赶造盔甲武器，号召人民献纳谷草，充实军备。在人民的热烈支持下，北京的防御力量大大地加强，守城的军队很快就增加到了二十二万人。

▲ 于谦像

瓦剌见明朝另立了新皇帝，没有屈服讲和的意思，又大举进攻。也先挟持着明英宗，攻破紫荆关（在河北省易县西八十里），直扑北京城。

在这紧要关头，于谦召集各将领讨论对策。都督石亨主张退守城内，坚壁清野，避开敌人的锋芒，于谦则主张出城迎战。他把兵部的事情交给兵部侍郎吴宁代理，自己亲自率领军队布阵在德胜门外，准备迎击瓦剌的主力军。他激励兵士们说："大片国土已经丧失，京城也被敌人包围，这是我们的耻辱，全体将士都应该不怕牺牲，替国家报仇雪耻！"将士们很受鼓舞，士气十分旺盛。

10月27日，瓦剌军逼近北京。于谦派高礼、毛福寿在彰义门（今广安门）外土城北迎战，杀死瓦剌军几百人。当天夜间又偷袭瓦剌军营，取得胜利。

10月29日，瓦剌军又进攻德胜门。于谦派石亨率领一部分精兵，埋伏在城外民房里，又派一小队骑兵去挑战，假装失败，诱敌深入。瓦剌军不知是计，一气儿攻到城边。于谦命令神机营用火器轰击，副总兵范广率兵冲杀过来，石亨的伏兵也杀了出来，前后夹攻，瓦剌军大败，也先的弟弟孛罗被火炮打死。瓦剌军又进攻西直门，都督孙镗在城上守军炮火的帮助下，奋勇抵挡，石亨的援军适时赶到，瓦剌军一看形势不妙，狼狈地逃走了。

10月30日，于谦派副总兵武兴、都督王敬率领军队到彰义门外和瓦剌军作战，把瓦剌军杀得大败。这时有个监军太监想要争功，领着几百骑兵抢先冲过去，结果把自己的队伍给冲乱了。瓦剌军趁机反扑上来，武兴不幸中了流矢，壮烈牺牲。瓦剌军跟着攻到土城边。彰义门外的老百姓爬上屋顶，用砖头、石块向瓦剌军投掷，呐喊助威，声震天地。正在这时，于谦派来了援兵。瓦剌军看到援军旗帜，不敢再战，仓皇逃走。

经过五天激烈的战斗，瓦剌军死伤惨重，士气低落。前面是坚固的北京城，后面到处受到民兵的袭击，又听说各地明军的援兵就要到来，也先恐归路被截断，只好带着英宗和残兵败将偷偷地向紫荆关方向逃去。

当瓦剌军狼狈逃跑时，于谦命令石亨带兵连夜追击，取得大胜。范广、孙镗等在追击时，夺回被掳的老百姓一万多人和牲畜无数。

（徐健竹）

戚继光

  元朝的时候，日本政府和元政府禁止两国的人民互相通商往来。明朝初期，明政府与日本建立了贸易关系。后来，日本的一些在国内混战中失败的武士，勾结日本浪人和走私商人，带着货物和武器，一方面走私，另一方面不断抢掠中国沿海地区的居民。这些进行走私活动与在沿海抢劫的日本浪人和走私商人，明朝人叫他们"倭寇"。

  嘉靖二年（1523），有两批日本商人在宁波发生了武装冲突。他们焚掠宁波、绍兴一带，绑走了明朝的官吏，于是明政府废除了宁波、泉州两个市舶司，停止了对日本的贸易。

  但是，日本的浪人和走私商人仍不断来福建、浙江沿海一带走私劫掠，并且和中国地方的大官僚、大地主勾结，甚至中国的奸商也参加了倭寇的海盗活动。这样，倭寇之患便越来越厉害。

  嘉靖三十二年（1553），倭寇大规模地登陆侵扰，到处劫夺财

▲ 戚继光像

物，屠杀人民，掳掠人口。我国东南沿海的人民遭受到了很大的灾难。1555 年，明政府调戚继光到浙江驻防。

戚继光（1528—1588），山东东牟（今山东省莱芜市）人，武艺出众，治军严明。他到任以后，看到当地官军腐败，就亲自到义乌招募了三千多人，主要是矿夫和农民，经过两个多月的训练，编成一支新军。随后他又在台州等地招募渔户，编成水军。戚继光的军队纪律严明，对百姓秋毫无犯，人们称之为"戚家军"。根据江南的特殊地理情况，戚继光还创造了一种适合在多水湖泽地带作战的阵法——"鸳鸯阵"。这种阵法以十二人为一作战单位，长短兵器相互配合，指挥灵活，常在战斗中取胜。

1561 年，将近两万的倭寇焚掠浙江台州。戚继光率领大军在台州附近和倭寇一连打了一个多月的仗，在当地人民的协助下，使侵犯台州的倭寇遭到歼灭性的打击。

台州大捷后，戚继光升任都指挥使，负起更大的海防责任。他又增募义乌民兵三千人，使"戚家军"的精锐部队增加到六千人。

1562 年，倭寇又大举侵入福建，到处烧杀抢掠。戚继光奉命率领精兵从浙江到福建，他身先士卒，到福建第一仗就收复了被倭寇侵占达三年之久的横屿。接着，他乘胜进军，攻克了牛田、兴化（今莆田市），捣毁了倭寇的巢穴，取得了很大的胜利。援闽的战斗告一段落，戚继光班师回浙江。

戚继光离开福建不久，又新来了大批倭寇，抢掠福建沿海各县，攻占了兴化城、平海卫（在莆田）等地。明政府命令俞大猷担任总兵官，戚继光为副总兵官，让他们两人火速开往前线。

嘉靖四十二年（1563），戚继光从浙江率领新补充的"戚家军"一万多人，赶到福建和俞大猷会师，把敌人打得大败，收复了平海卫和兴化城。戚继光因功升为总兵官。1564 年，"戚家军"又大败倭寇于仙游城下，给被围五十天的仙游城解了围。残余的倭寇纷纷逃跑，福建的倭寇全被驱逐。1565 年至 1566 年，戚继光又配合俞大猷肃清了广东的倭寇。东南沿海的倭患至此完全解除。

（徐健竹）

59

澳门被占

　　15 世纪的时候，欧洲许多国家为了向海外寻找殖民地，都奖励航海事业，葡萄牙是其中的一个。明弘治十一年（1498），葡萄牙人达·伽马率领葡萄牙武装商队绕过非洲南端的好望角，到达印度西南海岸的古里。不久，强占了果阿，将之作为在东方经营商业和政治活动的根据地。接着，葡萄牙又用武力强占了当时东方国际贸易的中心马六甲（**在马来西亚半岛西南**）。明正德六年（1511），葡萄牙的武装商队闯进了中国广东东莞的屯门岛。不久，他们又派使臣到北京要求通商，但遭到了明朝政府的拒绝。此后，他们的武装商队赖在屯门岛不走，在那里干着抢劫商人、掠卖人口的罪恶勾当。嘉靖元年（1522），葡萄牙海盗窜入到广东新会西草湾地方抢掠，遭到中国军队的迎头痛击，被赶下海去。他们离开屯门岛后，转到福建、浙江沿海一带，勾结倭寇进行抢劫，又被明军击溃，随后又逃回广东，盘踞在浪白港。

葡萄牙商人千方百计想在中国沿海找到一个据点，以便对中国进行海盗式的通商活动。嘉靖三十二年（1553），他们借口在海上遇到大风浪，浸湿了船上的货物，请求明地方官借广东的澳门海滩让他们晾晒货物。他们使用卑劣手段，用行贿的办法得到了广东海道副使汪柏的许可。就这样，他们在澳门搭起帐篷住了下来。过了几年，他们又通过行贿的方法骗取了正式居住的权利。之后，他们更得寸进尺，一步一步地建造了房屋和市街，还修筑了城墙和炮台，并且擅自设置官吏，居然把澳门视为己有。这是澳门被葡萄牙殖民主义者骗占的开始。万历元年（1573），葡萄牙商人以向明朝政府交纳地租的办法讹取了澳门的租借权。起初，澳门的行政、司法、收税等权，还仍然归广东地方政府掌握。到后来，这几种主权便逐渐被侵夺。清光绪十三年（1887），清政府被迫签订《中葡条约》，承认葡萄牙占领澳门。澳门就是这样被葡萄牙殖民主义者骗占的。

（徐健竹）

东林党

　　明朝后期，宦官把持朝政，对人民进行疯狂的掠夺，同时也严重地损害了地主阶级地方势力的利益。江南地主中有很多人兼营商业和手工业，或者和工商业有联系。神宗万历年间，矿监、税监的贪婪劫掠，严重地侵犯了他们的特权，这就使江南地主集团与宦官集团之间的矛盾尖锐起来。江南地主阶级以及代表他们的官僚士大夫为了维护自身的特权，结合起来，反对宦官集团的专横跋扈。明末"东林党"和"阉党"的斗争，就是这种统治阶级内部矛盾的反映。

　　万历二十二年（1594），吏部郎中（官名）顾宪成被革职以后，回到自己的家乡无锡（今江苏省无锡市），在东林书院讲学。远近许多地方被排挤因而闲住在家的官吏都来听讲，学舍几乎容纳不下。他们聚在一起，一方面听讲论学，另一方面议论朝政，批评当政的人物。在朝廷里的一些比较正派的官员，也和他们互通声气。东林书院成了当时舆论的中心。这些人便被称为"东林党"。

东林党反对宦官独揽朝政，颠倒是非，迫害善良；反对矿监、税监的疯狂掠夺；反对苛重的赋税和徭役。把持朝政的宦官集团当然不会满意他们，就对他们进行各种打击迫害。

天启元年（1621），朱由校（**明熹宗**）做了皇帝以后，明朝政治腐败、黑暗达到极点。宦官魏忠贤与熹宗的乳母客氏狼狈为奸，无恶不作。魏忠贤掌握了政府官吏的任免权，从中央到地方，都安插了他的爪牙。朝中一些大臣都投靠在他门下，有的甚而认他为义父、干爷。阉党大官僚崔呈秀等号称"五虎"，此外还有所谓"十狗""十孩儿""四十孙"等，他们相互庇护，结为死党。

阉党为了排除异己，进一步加强了锦衣卫、东厂等特务组织。魏忠贤自己掌管东厂，他的干儿子田尔耕等掌管锦衣卫。他们把东林党人的名字编成《东林点将录》《同志录》等黑名单，根据这个名单，有计划地对东林党人进行迫害和屠杀。

天启四年（1624），东林党的著名首领左副

▲ 明熹宗朱由校像

都御史杨涟向皇帝上书弹劾魏忠贤二十四大罪。不久，杨涟、左光斗、周顺昌、黄尊素等东林党领袖先后被捕下狱，受酷刑死去。其他东林党人，有的被杀害，有的被放逐，有的被监禁。许多反对阉党的非东林党人士，也都遭到排斥、免职和杀戮。魏忠贤又下令毁掉全国一切书院，企图以剿灭东林党的名义来摧残所有反对阉党的人士。

魏忠贤等阉党迫害东林党后，气焰更高，不仅专制朝政，而且诬杀守边大将，冒图军功。魏忠贤的干儿义孙、远近亲戚，都做了大官。他自称为"上公"，阉党官僚称他为"九千岁"，有的竟称他为"九千九百岁"，向他献媚，争先恐后给他建立生祠，供他的像。建立一个生祠，要用掉老百姓几万两甚至几十万两白银。地方官每年春秋要到魏忠贤生祠祭祀，凡是不建祠或入祠不拜的都要被杀。

魏忠贤的专权暴虐，使人民遭受到严重的祸害，民愤越来越大。熹宗死后，朱由检做了皇帝（崇祯皇帝），杀了魏忠贤和阉党的重要人物。但阉党的残余势力仍旧存在，与东林党的斗争也仍旧没有停止。

（徐健竹）

《永乐大典》

　　永乐元年（1403），明成祖为了整理历代文献典籍，命令解缙（jìn）编修一部类书。解缙接受任务后，第二年就编成了一部《文献大成》。成祖嫌这部书编得太简略，永乐三年（1405），又加派姚广孝协同解缙，选儒士曾棨（qǐ）等二十九人重修，并动员大批善于写字的文人担当书写任务。当时直接或间接参加编修工作的有两千多人。皇家藏书处文渊阁所收藏的各种书籍是这次编修的基本资料。另外，明政府又派人到各

▲ 解缙像

地征购各类古今图书七八千种。负责编修的人把这些书依照《洪武正韵》韵目，整部整篇或整段地按韵编次。永乐六年（1408）冬，全书编成，共两万两千九百三十七卷（其中有凡例、目录六十卷），一万一千零九十五册（明清以来对卷数、册数记载均不一），定名为《永乐大典》。

《永乐大典》是在南京编成的，后来明成祖迁都北京，这部大书也随之被运到北京。该书自编成后，只有精写本，没有刻版印刷。嘉靖四十一年（1562），皇宫失火，《永乐大典》差一点被烧掉。为防万一，明世宗命令礼部选儒士程道南等另抄写《永乐大典》正副本两部。穆宗隆庆元年（1567），正副本抄写完成。自此以后，《永乐大典》就有了三部：第一部是永乐原本，第二部是嘉靖正本，第三部是嘉靖副本。原本存放南京，正本存北京文渊阁，副本存北京皇史宬（chéng）。后来，南京原本尽毁。清初，正本被移放乾清宫，副本被移放翰林院，缺失二千四百多卷。清

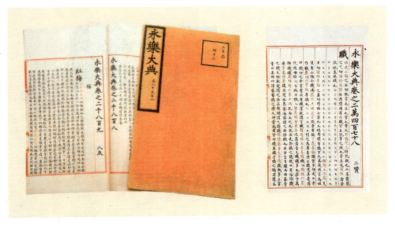

▲《永乐大典》书影

嘉庆二年（1797），乾清宫失火，正本全毁。藏翰林院之副本，以后又陆续有遗失。清光绪二十六年（1900），八国联军侵占北京，《永乐大典》遭受浩劫，劫后所存，仅三百余册。这些被抢掠去的《永乐大典》，现在分别藏在帝国主义国家的公、私图书馆。

《永乐大典》在我国学术史上占有很高的地位，它辑录古书，直抄原文，保存了今已散缺或已失传的许多重要资料，对研究我国古代文化遗产具有极高的参考价值。

新中国成立后，经过北京图书馆的努力搜集，现在藏在该馆的《永乐大典》共有二百一十五册。连同该馆从国外各国图书馆征集到的一部分复制本（照片和显微胶卷），合计七百一十四卷。1960年，中华书局将搜集到的《永乐大典》影印出版。

（徐健竹）

李时珍

▲ 李时珍像

李时珍（1518—1593），字东璧，蕲（qí）州（今湖北省蕲春县）人，是明朝中期伟大的医学家和药物学家。他的父亲是当时的名医，很喜欢研究药物。李时珍童年时，常常跟着父亲到山中去采药，从小就培养了研究药物的兴趣。他幼年体弱多病，深刻体会到生病的痛苦，从而坚定了学医的决心。从二十岁起，他就跟着父亲学医了。

李时珍诊病和用药都十

分仔细，他参考前人的药书时，常常能发现书中有不少缺点，于是立志要把旧有的药书加以整理，写成一部完备的药物学著作——《本草纲目》。

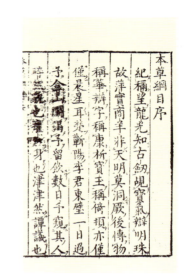

▲《本草纲目》书影

为了写这部书，他花了很大的精力来阅读前人有关医学的著作。在近三十年的时间里，他研读了八百多种书。除了钻研医药书，他还阅读了许多历史书、诗文、小说、笔记以及像《芍药谱》（刘贡父著）、《海棠谱》（沈立著）、《菊谱》（范成大著）、《竹谱》（戴凯之著）等一类的书籍。从这些书籍里，他收集了有关医药的材料，并利用这些材料来考证各种药物的名实。不仅如此，他还很重视实地调查。他走遍了自己家乡的山野，还到过江西、安徽、江苏一带的许多地方，考察了各地特产的药物，采集了许多有价值的标本。他走了上万里的路，访问了千百个老农、渔民、樵夫和猎人，虚心地向他们请教，从他们的口中知道了很多有关药物学的宝贵知识，打听出了很多医病的有效秘法和单方。李时珍经过这样长时期的刻苦学习，为编写《本草纲目》打下了深厚基础。

万历六年（1578），李时珍六十一岁，《本草纲目》这部书终于写成了。这部书从嘉靖三十一年（1552）开始编著，中间经过了三次大的修改（小的修改直到他死一直未断），前后一共用了二十七年的时间。

　　《本草纲目》共五十二卷，记载了一千八百多种药物（比过去增加了三百七十四种），分成十六部，六十二类。对各种药物做了科学的分类，订出系统的纲目，改正和补充前人关于药物记载的错误和不足，这是《本草纲目》在药物学上的一个重大贡献。书里对每种药物，都写出它的名称、别名、形态、产地、气味、性质、功用和采制过程，并且还附录了许多医方，使人看了异常清楚。为使读者更易明白，作者还把一些形状复杂的药物绘成图画，全书的插图就有一千多幅。《本草纲目》一书，不但在我国古代药物学史上占有极其崇高的地位，而且在世界植物形态分类学史上，也占有极其崇高的地位。

（徐健竹）

潘季驯

　　明代治理黄河专家潘季驯（1521—1595），字时良，乌程（今浙江省湖州市）人。他从四十四岁时起，到七十三岁退休时止，前后四次受命治理黄河，为治理黄河工程工作了二十多年。

　　根据历史记载，黄河下游在三千多年中，泛滥和决口一千五百多次，重要的改道二十六次，其中大的改道有九次。黄河泛滥时，中原一带，常常是千里泽国，无数村庄和城市被淹没，给人民生命财产造成极严重的损失。治理黄河，自古以来就是我国劳动人民跟水患进行斗争的重大事情。

　　嘉靖四十四年（1565），潘季驯奉命治理黄河。他到达黄河沿岸以后，亲自视察河道，访问河堤附近的农民，邀请有经验的治河民夫谈话，仔细研究治河的办法。他还阅读前人有关治河的各种文献和著作，拿它们跟当前的情况进行参证、比较。这样，他逐渐摸清、掌握了黄河水患的规律，从而制定出了一套治河的原则和方法。他四次治理黄河，都取得了卓越的成绩。

潘季驯治河的原则是："挽水归漕，筑堤束水，以水攻沙。"这意思就是说，修筑坚固的堤岸，约束河身，借着奔腾的水流冲走泥沙，刷深河漕，避免淤积。他根据黄河水流泥沙过多的特点，认为必须维持河道的整一，不要让它分流；两岸河堤的距离不要太宽，要紧紧地约束住河身。因为河道一宽，水势就缓，泥沙就会淤塞河床，河水就容易泛滥成灾。相反地，如果河道不太宽，水流很猛，就能冲刷淤泥，刷深河床，洪水就不易漫出。

潘季驯一生的治河经验，都总结在《河防一览》这部书里，如怎样筑堤、怎样保护堤防等，都有详细的说明。书里还绘制了详

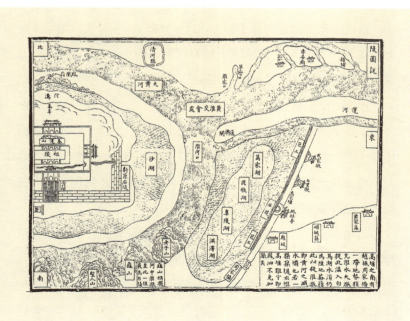

▲ 明·潘季驯《河防一览》插图

细的黄河全图，标明治河的地形和水势。每个险要的河段，都画出了堤防和巡守的"铺"。"铺"是供巡防人员驻守和休息用的一种草屋。"铺"的旁边竖起高竿，白天挂旗，晚上挂灯。有了紧急情况，巡防人员就敲锣告警，附近农民就可以赶去抢救。

（徐健竹）

64

徐光启

▲ 徐光启像

徐光启（1562—1633），字子先，上海人，是我国明朝末年一位伟大的科学家，著有《农政全书》六十卷。

《农政全书》是一部有关农业科学的巨著。全书分"农本""田制""农事""水利""农器""树艺""蚕桑""蚕桑广类""种植""牧养""制造""荒政"十二章，总共五十多万字。这部书的价值可以从下列几方面来说明：

1.它汇集了历代有关农业的各类著作，起到了总结我国古代农业科学遗产的作用。书中引用各种农业著述约一百三十种，引用时，有的有删节，有的有补充，有的则为批判性的选辑。

▲《农政全书》书影

2.它记录了古代和当代农民们宝贵的生产经验。徐光启常常深入农村，访问老农，有好的经验便记下来，编入他的书中。例如，在"木棉篇"中，他根据农民的生产经验，详细记述了棉花的种植方法和纺织方法；在"除蝗疏"中，他根据老农提供的材料，记录了蝗虫生长的过程。

3.它介绍了制造各种农具和修建水利工程的方法。书中详细地记述了各种农具的制法，并且附有精细的插图。在谈水利的这一章里，不仅介绍了我国西北水利、东南水利的情况，而且还介绍了外国的水利建设方法。

4.它记叙了著者本人对农业研究的心得和试验的成果。例如，在"树艺""蚕桑""蚕桑广类"等章里，就记录有著者自己种植乌桕（jiù）树和桑麻的经验。

5.它介绍并提倡了有关国计民生的农作物。例如，茶叶在当时国际市场上异常畅销，"茶叶篇"中就详加介绍了茶叶的采摘、收藏、制造、饮用等方法。又如，甘薯（红薯）刚从外国传来不久，书中指出它有十几个优点，亩产量大，色白味甜，营养丰富，种植容易，可以酿酒，切片晒干可作为粮食和饼饵等，因此大力提倡种植。

《农政全书》总结了我国劳动人民在农业生产技术上的丰富经验，保存了大量有价值的农业科学资料，同时还反映了我国十六七世纪农业生产所达到的水平。它是我国现存研究古代农业生产发展史的一部重要参考书籍。

（徐健竹）

明朝著名画家

明朝初年，著名的画家是戴进。明朝中期，沈周、文徵明、唐寅和仇英，称为"明朝四大家"。明朝末年，著名的画家是董其昌和陈洪绶。

戴进（1389—1462），字文进，号静庵，钱塘人，南宋画院山水画的继承者。所画山水画，取景用笔，千变万化。他临仿古人的画，能叫行家也难分辨真假。他画的人像也很出色。据说，有一次他去南京，雇了一个挑夫挑行李，走在人多的地方，两人被挤分散了。他到处找不到挑夫，没有办法，便画了那个挑夫的样子，拿着画像到处向人打听，结果挑夫终于被找到了。

沈周（1427—1509），字启南，号石田，长洲（明时属苏州府）人。他的山水画汲取了唐宋著名画家的长处，加以融会变化，自成一家。他用笔很有劲，笔墨豪放，沉着雄浑。他画的花卉和人物也很有神采。

▲ 明·戴进《葵石蛱蝶图》

▲ 明·沈周《瓶荷图》

▲ 明·文徵明《乳猫图》　　　▲ 明·唐寅《王蜀宫妓图》

　　文徵明（1470—1559），字徵仲，也是长洲人，擅长画山水。他是沈周的学生。他的画当时全国闻名，很受人们欢迎。各地求他作画的人很多，但是有钱有势的人却很难请动他，他尤其不肯给藩王、太监和外国人作画。

　　唐寅（1470—1523），字子畏，又字伯虎，吴县（明时亦属苏州府）人。他画山水画最初向周臣学习，同时钻研宋元著名画家的画法，汲取各家的长处，自成一家，成就超过了他的老师。他画的水墨花鸟，活泼俊俏；人物仕女，生动妩媚，不落旧套。他在"明朝四大家"中享有最大的声名。

仇英（1494—1552），字实父，号十洲，太仓（明时属苏州府）人，油漆工匠出身的杰出画家，也是周臣的学生。他临摹的唐宋名画，可以乱真。当时的人很称赞他的画，说他的画"独步江南二十年"。

▲ 明·仇英《梧竹书堂图》

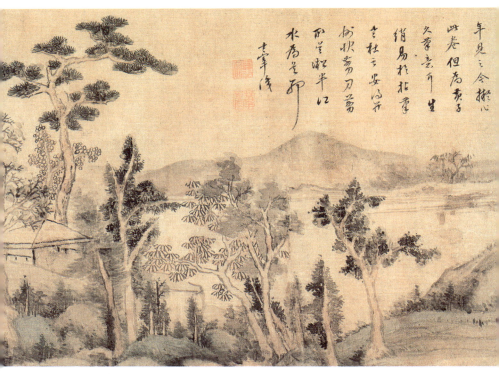

　　董其昌（1555—1636），字元宰，华亭（今上海市松江区）人。他是大书法家，也是大画家。他的字初学米芾，后来融合唐宋各著名书法家的优点，自成一派。他的山水画集宋元诸家之长，下笔潇洒生动，清润明秀，具有独特的风格。

　　陈洪绶（1599—1652），字章侯，号老莲，诸暨（明时属浙江绍兴府）人。他在幼年时，就显示出绘画的才能，得到画家蓝瑛的赏识。后来，蓝瑛收他为徒弟。他的花鸟山水画，构图新奇，色彩浓丽，富于装饰情趣。他的人物画最精彩，造型夸张，线条

▲ 明 · 陈洪绶《花鸟册》（选页）

细致，着重思想感情的刻画。他画过《水浒英雄》《西厢记》的插图。画过《归去来图》，劝他的朋友周亮工学习晋人陶渊明"不为五斗米折腰"的精神，不要去做清朝的官。这些都表明了他的政治立场和见解。他的画风对后世的影响很大。

（徐健竹）

66

李自成

　　明朝末年，大量土地集中在以皇帝为首的大贵族、大官僚、大地主的手里。到处是皇帝的"皇庄"和贵族官僚们的"庄田"，失去土地的农民越来越多。有的农民失去了土地，还要照旧交纳田赋。有的地主勾结官吏，把自己的田赋暗地里分摊在农民头上。

　　万历末年，明政府为了跟东北新起的建州女真作战，把全部战争费用完全加在农民身上，向农民加派"辽饷"。农民本来就穷困到极点，在没有"辽饷"时，一年所获已是一半纳粮，一半糊口；加派"辽饷"以后，连糊口也难以做到了。崇祯时，明政府甚而将镇压农民起义的军费也加派在农民头上，又增添所谓的"剿饷"和"练饷"，使得农民的负担更加沉重。据记载，天启末年至崇祯初年，陕西北部发生灾荒，农民"争采山间蓬草而食"，蓬草采尽后"则剥树皮而食"，树皮剥光后"则又掘其山中石块而食"。

　　天启七年（1627），陕西北部饥饿的农民纷纷起义，揭开了明末农民大起义的序幕。

　　起义初期，战争主要在陕西北部和中部进行。崇祯四年（1631）以后，起义军转移到山西，组成三十六营，势力渐渐壮大起来。后来，他们在河南、陕西、四川、湖北四省边界地区流动作战，屡次挫败官军。经过五六年的苦斗，起义军里锻炼出了高迎祥、张献忠、李自成等几位著名的农民军领袖。

　　李自成（1606—1645），陕西米脂县人，幼年时给地主牧过羊，二十多岁时当过驿卒和边兵。崇祯二年（1629），他参加了起义军，之后在闯王高迎祥部下做了闯将。

　　1635 年，高迎祥等十三家七十二营的首领，在河南荥阳开会，商量反抗官军围攻的办法。大家采纳了李自成提出的"宜分兵定所向"的作战计划，把军队分作四路：北路、西路、南路以防御为主，东路积极进攻；另一部分军队往来策应。李自成提出的作战计划，不但增加了大家斗争的信念，更重要的是表明了起义军首领们已经懂得联合起来作战的必要，改变了过去分散作战的方法。这次大会把明末农民战争推到了一个新的阶段。

▲ 李自成像

　　1636 年，高迎祥在陕西战死，李自成继承了"闯王"的名号。他带领起义军转战四川、河南等地。当地的饥民纷纷参加起义军，李自成的队伍很快扩充到了几十万人。在农民革命急剧发展的形势下，李岩、牛金星等地主阶级知识分子也参加了李闯王的队伍。

起义军针对当时土地高度集中和赋役极端严重的情况，提出了"均田""免赋"的斗争口号。起义军打到哪里，就宣布哪里"三年免征"或"五年不征"，实行"平买平卖，蠲（juān）免钱粮"，还到处宣传"迎闯王，不纳粮"。起义军受到了广大人民的热烈拥护和支持，这是李自成迅速取得胜利的主要原因。

1641年，起义军攻破洛阳，杀死河南人民最痛恨的福王常洵，并且把王府中收藏的从民间搜刮来的金、银、粮米散给饥民。在此后一两年里，李自成领导的起义军在河南连续大败官军主力，占领了今河南全省和湖北省的大部分地区，人数壮大到百万左右。

1644年春，李自成在陕西西安正式建立政权（**在取西安前，已在今湖北省襄阳市初步建立了政权**），建国号大顺，改元永昌，扩大了在襄阳时的政权组织。接着，起义军发动了对明朝封建统治的最后冲击。起义军迅速占领太原、大同、宣府、居庸关（今属北京市），直逼北京。1644年4月，李自成领导的起义军攻破北京城，崇祯皇帝在景山自杀，腐朽的明朝封建统治终于被伟大的农民革命力量推翻。李自成进入北京城，杀掉了一批人民痛恨的明朝贵族和官僚，释放了关在监狱中的囚犯。

但起义军进入北京后，李自成以下的一些领导者，被这巨大的胜利冲昏了头脑。他们滋长了骄傲轻敌的情绪，自以为天下大势已定，失去了对革命敌人的警惕。刘宗敏等将领在财货声色的诱惑下，甚至腐化堕落起来，醉心于享乐，厌倦斗争。广大的士兵在他们的影响下，也有不少人产生了太平麻痹和享乐腐化的思想。这样，就大大地削弱了起义军的战斗力量，影响了人民对起义军的热情支持。至于丞相牛金星之流，原是混进起义军内的阶级异己分子，他们这时不但纵情享乐，而且为了扩张自己的权势，篡夺农民革命的胜利果实，更阴险地在起义军内进行了谋害、破坏的活动，引起了起义军内部的严重分裂。

山海关的明守将吴三桂降清，引清兵入关，攻打李自成。在清军和吴三桂军队的夹攻下，李自成的军队失败了。为了保存力量，李自成从北京撤退到西安，后来又从西安转战到湖北。1645年，李自成在湖北通山县九宫山，在地主武装的袭击下牺牲了。

（徐健竹）

张献忠

  张献忠（1606—1646），陕西延安人，出身贫苦，做过捕快，也当过兵。崇祯三年（1630），他聚集陕西米脂十八寨的农民起义，自称"八大王"。"荥阳大会"后，他和高迎祥、李自成等部担当东征的任务。他们以疾风扫落叶的声势，在短时间内，打下了明朝的发祥地——凤阳，烧毁了明朝皇帝的祖陵。后来，张献忠和高迎祥、李自成兵分两路，高、李等率兵进攻陕西；张献忠则率兵南下攻入安徽，转战于湖北、陕西等省。高迎祥牺牲后，张献忠所部在起义军中势力最为强大。1638年，农民革命暂时处于低潮，他以"受抚"为名，在湖北谷城一带休养兵力。次年，再度起义。明朝政府派杨嗣昌督师向张献忠进攻。1640年，张献忠突破杨嗣昌的包围，进入四川，并在军事上以流动作战的战术争得了主动。1641年，张献忠由川东顺流东下，由四川到湖北，攻占襄阳，杀掉了襄王朱翊铭。杨嗣昌兵败后，忧惧自杀，张献忠势力大振。1643 年，张献忠率领起义军攻破武昌，称"大西王"。第二年，又攻入四川，占领重庆，攻破成都。这年冬天，他在成都即皇帝位，国号大西，改元大顺。

1646 年，清政府派肃亲王豪格和吴三桂军配合当地地主武装，猛攻张献忠。张献忠失败，率部北走，在西充凤凰山被清军射伤牺牲。

（朱仲玉）

努尔哈赤

明朝初年，住在祖国东北地区的女真族（满族的祖先），分为许多部落。各部落的女真奴隶主为了掠夺奴隶和财物，经常发动对其他部落的掠夺战争，弄得人民不得安身，在这样的情况下，女真人都渴望有一个统一的和平局面。

努尔哈赤就是适应了当时的社会要求而崛起于赫图阿拉（今辽宁省新宾老城）的一位英雄。他领

▲ 清太祖爱新觉罗·努尔哈赤像

导部众战胜了各自分立的各个奴隶主集团，建立了一个统一的政权。直到今天，在东北的满族老人中间还流传着许多有关"老汗王"的故事。"老汗王"就是满族人对努尔哈赤的称呼。

努尔哈赤姓爱新觉罗，史书上称"清太祖"，出身于建州部女真奴隶主家庭，祖辈多次受明朝的封号。他幼年丧母，受继母虐待，十九岁时与家庭分居，自己过独立生活。他曾到过汉人地区，受汉族文化影响较深，据说他通晓汉语汉文。

1583年（明万历十一年），努尔哈赤团结内部，聚众起兵，开始了统一女真各部的战争。他以赫图阿拉为根据地，出奇制胜，逐步兼并周围的部落。从1583年到1588年的五年间，他逐步兼并了周围的苏克素护河、浑河、王甲、董鄂、哲陈等部。

1587年，当战争还在进行的时候，努尔哈赤于费阿拉（新宾旧老城）建筑王城，并且实施了一些必要的政治、经济措施，如定朝政、立刑法、发展农业生产，等等。这一切，都为迅速统一女真各部奠定了基础。

1592年，努尔哈赤击败以叶赫为首的九部联军的进攻，随后就进行了兼并长白山、扈伦和东海诸部的斗争。从1589年到1594年，他先后兼并了长白山的鸭绿江部、珠啥哩部和讷殷部。从1593年到1619年又次第兼并了扈伦的哈达、辉发、乌拉与最大的叶赫诸部。至此，他基本上完成了女真族内部的统一。至于东海诸部，直到努尔哈赤的儿子皇太极时才完全被兼并。在女真各部统一的过程中，努尔哈赤创立了八旗制度（正黄、镶黄、正白、镶白、正红、镶红、正蓝、镶蓝八旗），凡满族成员都被编入旗，平时生产，战时出征。1599年，他创制了满文。这些措施对于进行兼并战争、巩固政权和发展文化都是必要的。

1616 年，努尔哈赤于赫图阿拉即汗位，建立金政权（1636 年皇太极改金为清）。金的建立，对于满族经济文化的发展，起了很大的推动作用。

（赵展）

69

吴三桂

　　1644 年，当李自成的农民军打进北京的时候，明朝驻在山海关一带防御清兵的总兵官吴三桂，手头还有一部分兵力。吴三桂本人出身于官僚地主阶级家庭，他在北京有一份相当大的财产，并且还有成群的妻妾和歌妓。李自成进入北京的消息传到了山海关，在起义军强大的军事压力下，他为了保全自己的财产和地位，原本打算到北京来归顺李自成，暂时躲避革命风暴的冲击。但是，过了不久，他听说农民军要杀贪官、要斗土豪，而且他自己存在北京的家产也被查封；同时他还听说，各地的地主阶级分子都在跃跃欲动，正在积极组织反革命力量，准备向农民军反扑。在这样的情况下，吴三桂的气焰又复高涨起来，公开宣称要与农民军作对到底。

　　当然，吴三桂心里很清楚，光靠他自己这点力量，是无论如何不堪农民军一击的。所以，当农民军乘胜句山海关推进时，他便向住在关外的满族贵族——他所负责防御的敌人屈膝投降，并且联合满族贵族集团的"八旗兵"，共同向农民军进攻。

李自成亲自率领二十万大军在山海关附近一片石这个地方讨伐吴三桂。两军摆开阵势，激烈战斗。战争刚开始，天气忽然大变，狂风骤起，飞沙满天，士兵们一个个睁不开眼；正当这时，满族贵族的精锐骑兵，从吴三桂军背后冲出来，直扑农民军。李自成大惊，农民军阵势动摇，大败。李自成急忙下令收兵，向北京退却。就这样，清军便在吴三桂的引导下，长驱直入，打进了山海关。

李自成退回北京后，匆匆于武英殿即皇帝位，第二天，便放弃北京率众西走。清军随即进入北京城。

满族贵族一经占领北京，随即在政治上和军事上采取了一系列紧急措施。在政治上，为了拉拢汉族地主阶级，下令礼葬崇祯皇帝，大量任用明朝旧文武官员；另外，为了缓和人民的反抗情绪，还宣布废除明末以来的一些苛派和"三饷"（指"辽饷""剿饷""练饷"）。在军事上，一方面派遣吴三桂等继续追击农民军；另一方面另派大军南下，分别占领黄河流域和长江流域的广大土地。

这年初冬，满族皇帝福临，在满汉贵族大臣们的拥戴下，即位为全中国的皇帝。这就是顺治皇帝。

福临这时还很年幼，国政由他的叔父摄政王多尔衮代理。顺治在位十八年，十八年中全国的反抗斗争，此起彼伏，始终没有停止。直到他的儿子康熙皇帝时，全国才重归于统一。

（朱仲玉）

史可法

北京的明朝中央政权在农民起义军打击下灭亡以后，整个明朝政权尚未终结，一些大臣把崇祯皇帝的兄弟福王朱由崧捧出来，在南京当了皇帝（**弘光皇帝**），建立了南明政权。当时，清兵已经入关，李自成的农民起义军已经退出北京，因此南明政权面临的敌人已经不是农民起义军，而是以满族贵族为首的联合了汉族地主和其他族统治阶级所建立起来的清朝。弘光皇帝是一个贪淫酗酒的草包，他周围的一些大臣，如马士英、阮大铖等人，也多是些专为个人功名富贵打算的奸臣。他们在大敌当前的重要关头，不仅没有积极抵抗，反而把坚决主张抗战的史可法排挤出朝廷，叫他到长江以北的扬州去督师。

史可法（1602—1645），字宪之，号道邻，祖籍北直隶顺天府大兴县（**今北京市大兴区**）。后迁居河南开封府祥符县（**今河南省开封市**），一般都称他为河南祥符人。他为人诚恳、正直，办事认真，是弘光朝的兵部尚书兼大学士。弘光皇帝叫他到扬州去，他虽然明知前途困难重重，然而为了团结抗敌，他还是接受了这个任务。他到了扬州以后，将扬州与南京之间的防御力量进行了一番整顿，并且他还调解了诸将之间不和的关系。许多抗清志士听说史可法在扬州督师，都非常高兴，纷纷地投效到他军中来。

▲ 史可法像

1644年12月，清军从山东南下，占领了江苏的宿迁。史可法立即率领军队进行反攻，收复了宿迁。第二年，清军第二次发动进攻，一路从山东南下占领宿迁，另一路从河南南下逼近徐州。徐州守将总兵李成栋闻清兵打来，弃城逃走，清军轻易地占领了徐州。不久，李成栋投降清军，为清军做前导，向南进攻，局势迅速恶化。

正在这时候，半壁江山都行将不保的弘光小朝廷内却发生了严重的内讧。武昌守将左良玉以"清君侧"讨伐奸臣马、阮为名，对南京发动了军事进攻。弘光朝廷异常惊恐，忙下令调史可法回南京，防御左良玉兵。后来虽然因为左良玉在途中病死，这场内战没有被引起来；可是，就在此期间，清军却乘着弘光朝廷的内讧，攻破了盱眙，而且继续往东进攻，乘势占领了淮安和泗州，逼近了扬州。史可法闻讯，冒着大雨，连夜赶回扬州，匆匆忙忙地布置防务。

1645年5月，清军围攻扬州。史可法率众拒守，屡次打退清军，清军统帅豫王多铎前后数次写信给史可法，劝他投降。史可法严正地拒绝，每次接到信，都不启封，立刻烧掉。清兵用大炮攻城，城墙被打坏很多缺口，每被打坏一处，史可法便命令部下用沙袋堵塞一处，再接再厉、斗志昂扬。战斗日夜进行，敌军四处云集，城中危险万分。史可法知道扬州已经很难保，便预先给自己的母亲、妻子写好诀别书，交代后事，自己下定决心准备城陷殉难。5月20日，清军发动总攻击，他们先用大炮轰破西北角城墙，然后冲进城来。史可法看到城被攻破，便要拔刀自杀。他的部下上前把他抱住，簇拥着他逃出城去。半路上，遇见一队清兵，结果他们被俘虏了。清兵把史可法解去见清军统帅多铎。

多铎见到史可法后，再一次劝他投降。史可法严词厉色地说："吾头可断，身不可屈，愿速死。"最后，史可法被杀害。

清兵占领扬州后，大肆屠杀，全城遍地尸横。那时，正是夏天，史可法的遗骸已经无法辨认。扬州的人民找不到他的尸体，便把他的衣冠埋葬在扬州城外梅花岭，后来还修了祠堂，永远纪念他。

（朱仲玉）

71

江阴人民抗清斗争

1645 年，清军从北方大举南下时，下了一道严厉的剃发令，限令在清军所到之处，人民必须在十天内剃去头发，并且规定："留头不留发，留发不留头"，不许有丝毫考虑的余地。

把全部头发盘束在头顶上，这是以前汉族人的装束；剃去周围的头发，把中间留下的头发编成辫子，垂在背后，这是当时满族人的习惯。这道命令遭到了当时汉族人民的强烈反抗。1645 年江阴人民的抗清斗争，就是由此而引起的。

当时，史可法已经在扬州殉难，南明弘光朝的都城南京已经失守。7 月中旬，清朝派来的知县方亨到江阴上任。他一到任就贴出布告，要严格地执行剃发令。江阴人民非常愤慨，他们撕掉布告，于 7 月 22 日开始起义。起义的人员拥戴典史（**官名，比知县低，掌管全县治安的事**）陈明遇为领袖，修筑起坚固的防御工事，决心抗清到底。

江阴起义后，清政府立即派兵前来镇压。全县人民奋勇抵抗，在城郊多次打败清军。全城军民，有钱出钱，有力出力，坚强团结，死守不二。为了更好地打击敌人，陈明遇派人把前任典史阎应元从城外请进城来，一同协力防守。

　　阎应元是个武秀才出身的猛将，他进城时，江阴已经完全处在清军的包围之中，但是他丝毫也不畏惧。他和陈明遇通力合作，彻底清查全城户口和库存物资，清除内奸、组织民兵，做好了长期抵抗的准备。

　　8月底，清军大队人马开到江阴城外，发动了一次大规模的攻势。阎应元和陈明遇指挥士兵英勇奋战，打退了攻城的清军，并且打死了清军的主将。9月里，他们又主动出击，消灭了许多敌人。

　　清军久攻江阴不下，就采取诱降的办法。投降清军的将军刘良佐老着脸皮，在城外要求和阎应元答话，想劝说他投降。阎应元声色俱厉地斥责刘良佐，说："有降将军，无降典史！"粉碎了敌人的劝降计划。在农历中秋节这天晚上，阎应元为了让士兵们欢度佳节，特地举行了祝捷晚会，跟战士们一起在城楼上饮酒唱歌，表示宁死不屈的决心。

　　清军看到城内坚守不屈，没有投降的意思，又调来了大批精锐的攻城部队。10月10日，清军趁下着大雨，用大炮轰破城墙的东北角，打进城来。在激烈的巷战中，陈明遇壮烈地牺牲了。阎应元杀伤了许多敌人后，投水自杀，没有成功；后来被敌人俘虏，关在一个庙里，第二天也壮烈牺牲了。全江阴的人民，除一小部分突围外，其余都在巷战中英勇牺牲或在城破后惨遭杀害。

（朱仲玉）

72

郑成功

郑成功（1624—1662），原名郑森，字大木，福建南安人。他是明朝末年福建总兵官郑芝龙的儿子。当福王在南京建立弘光政权时，郑成功二十一岁，正在南京读书。弘光政权垮台后，郑成功回到福建。这时，唐王朱聿（yù）键在福州即皇帝位，建立隆武政权。郑成功朝见了朱聿键，提出了富国强兵、抵抗清军的主张。朱聿键很喜欢郑成功，就认他做本家，赐他姓朱，名朱成功。

1646年秋，清军攻陷浙江，接着大举进攻福建。

▲ 郑成功像

掌握隆武朝政大权的郑芝龙准备投降清朝，故意撤掉仙霞关的守军。清军长驱直入，在汀州（今福建省长汀县）俘虏朱聿键，隆武政权灭亡。郑芝龙投降清朝后，郑成功和父亲决裂，在厦门鼓浪屿起兵反抗清朝。

郑成功率领部队在福建、浙江、江苏一带和清军打了许多次仗，取得了很大的胜利。为了长远之计，他决定渡海到台湾去，以台湾作为抗清的根据地。

台湾自古以来就是中国的领土。1624年，荷兰侵略者乘着明朝国势衰落的时机，出兵侵占了台湾，在台湾建立了殖民统治。郑成功向台湾进军前，写信给荷兰侵略军头子，指出台湾是中国的国土，中国有权收回，叫他赶快率领侵略军撤出台湾。荷兰侵略军的头子非常害怕，派翻译何廷斌来和郑成功讲条件。何廷斌是一个具有爱国思想的人，他把荷兰侵略军的情况报告郑成功，还向郑成功呈献了一幅详细的台湾地图。台湾人民听说郑成功要收复台湾，都感到非常兴奋，纷纷渡海来投奔郑成功，愿意为收复台湾出力。

1661年4月，郑成功率领战士二万五千人、战船百艘，在台湾鹿耳门一带登陆。登陆后，跟荷兰侵略军展开了激烈的战斗。由于郑成功的指挥有方、士兵们的英勇作战和台湾人民的积极支援，荷兰侵略军战败了，侵略军的头子被迫向郑成功呈递了投降书。1662年，最后一批荷兰侵略军被逐出台湾，台湾终于回到了祖国的怀抱。

郑成功收复台湾后，建立政府、制定法律、开垦荒地、发展生产、努力建设。他还亲自到当地高山族居住的地区进行访问，派人制造了大批铁制农具，在高山族人民中推广使用。经过汉族和高山族人民的共同努力，台湾的各种生产事业有了突飞猛进的发展。

不幸，郑成功在收复台湾后不久就病逝了，这时他只有三十九岁。他的死，引起了人民的哀痛，人民将会永远纪念这位从殖民主义者手中收复祖国神圣领土——台湾的民族英雄。

（朱仲玉）

康熙皇帝

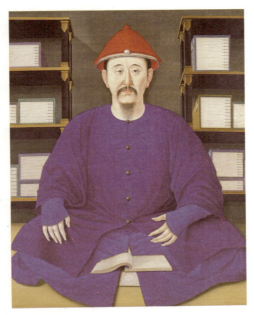

▲ 清圣祖爱新觉罗·玄烨（康熙帝）像

康熙皇帝姓爱新觉罗，名玄烨，是清入关以后的第二个皇帝。他从 1662 年开始，到 1722 年去世止，共做了六十一年的皇帝。

康熙统治期间，中国是当时世界上一个繁盛、统一的封建强国。

康熙皇帝最重要的贡献，是平定了

"三藩"叛乱,解决了准噶尔问题,收降了郑氏力量,使中国重新归于统一。

所谓"三藩",是指平西王吴三桂、平南王尚可喜、靖南王耿仲明。吴、尚、耿三人本来都是明朝的将领,后来都投降了清朝,接受了清朝王位的封爵。他们在自己的势力强大起来以后,不肯服从清朝的统一政令,企图在西南一带造成封建割据。

1673年,吴三桂发动叛变,尚可喜的儿子尚之信和耿仲明的孙子耿精忠起兵响应。康熙皇帝采取坚决手段,调动各方面的人力物力,出兵平乱,对叛军采取猛烈攻势。最后,清朝终于把"三藩"平定,巩固了西南边疆。

准噶尔是我国西北的少数民族。当时,以噶尔丹为首的准噶尔部上层反动分子,进行了破坏统一的活动。康熙皇帝亲自率兵粉碎了这些上层反动分子制造分裂的阴谋活动,进一步巩固了国家的统一。

郑成功和他率领的将士,在1662年驱走荷兰殖民者,收复了我国的神圣领土台湾。这是我国历史上反抗外国侵略势力的一个伟大胜利。郑成功在收复台湾后不久去世。康熙皇帝于1683年降服了郑成功的孙子郑克塽,使得台湾重新成为中国中央政府直接管辖下的一个行政区域。

康熙皇帝在政治、经济、文化上还实施了一连串有利于社会生产发展的措施。他为了巩固自己的封建统治,在广大人民反抗斗争的压力下,废止了清入关之初霸占农民土地的"圈田令"。他下令兴修水利、奖励垦殖、减免赋税、节省开支、提倡节约。因此,康熙时农业生产有了恢复和发展,社会的经济也日益繁荣。

在文化上，他派人编修《明史》《古今图书集成》《康熙字典》等书，此外还大力提倡自然科学、绘制《皇舆全览图》等。

　　康熙皇帝在军事、政治、经济、文化上所做的上述一些工作，都在一定程度上有利于中国社会的发展，后世称他是一位杰出的政治家。

（朱仲玉）

达赖喇嘛 班禅额尔德尼

达赖喇嘛和班禅额尔德尼是西藏藏传佛教格鲁派的两位最大的活佛。

格鲁派是 15 世纪初藏族喇嘛宗喀巴（1357—1419）创立的一个藏传佛教教派。到 16 世纪中叶时，格鲁派的势力已经有了很大的发展。当时，格鲁派最大的寺庙拉萨哲蚌寺的讲经法台是索南嘉措（1543—1588）。

明万历七年（1579），被明朝封为顺义王的蒙古土默特部首领俺答汗，从青海写给索南嘉措一封信，邀请他去讲经说法。索南嘉措接受了这个邀请，前往青海，向俺答汗宣传了格鲁派的教义。1580 年，俺答汗加给索南嘉措一个尊号——圣识一切瓦齐尔达赖喇嘛（"瓦齐尔"，梵语"金刚"的意思；"达赖"，蒙语"大海"的意思；"喇嘛"，藏语"上人"的意思），以表示对索南嘉措的敬重，这就是达赖喇嘛名号的开始。后来，索南嘉措的母寺哲蚌寺的上层喇嘛，又追认宗喀巴的门徒根敦主巴为第一世达赖喇嘛，根敦主巴的门徒根敦嘉措为第二世达赖喇嘛，索南嘉措是根敦嘉措法位的继承人，是第三世达赖喇嘛。从第三世达赖喇嘛开始，历世达赖喇嘛都以哲蚌寺为母寺。

17世纪中叶，格鲁派寺庙集团和信奉格鲁派的青海蒙古和硕特部首领固始汗，归附了尚未进关的清皇室，紧接着，第五世达赖喇嘛阿旺罗桑嘉措又凭借固始汗的兵力，掌握了西藏地方政权。清顺治九年（1652），第五世达赖喇嘛应顺治皇帝的邀请，来到北京，受到清朝隆重的款待。第二年，五世达赖返回西藏，临行前，清朝赐给他金册、金印，封他为"西天大善自在佛所领天下释教普通瓦赤喇怛喇达赖喇嘛"。从此以后，达赖喇嘛的政教地位和职权，才被正式确定了下来，而且此后历世达赖喇嘛，都必须经过中央政权的册封，成为一项制度。

第五世达赖喇嘛的师父是日喀则扎什伦布寺的讲经法台罗桑确吉坚赞。罗桑确吉坚赞是一位佛学知识渊博的高僧，被人尊称为"班禅"（"大学者"的意思）。当固始汗帮助格鲁派寺庙集团取得西藏地方政权以后，固始汗又赠给班禅罗桑确吉坚赞以"班禅博克多"（"博克多"是蒙语"圣者"的意思）的名号。班禅死后，扎什伦布寺的上层喇嘛把他定为第四世班禅，同时又向上追认了三世。第一世班禅是宗喀巴的门徒克主杰。自第四世班禅起，历世班禅都以扎什伦布寺为母寺。

清康熙五十二年（1713），第五世班禅罗桑意希来到北京，康熙皇帝封他为"班禅额尔德尼"（"额尔德尼"，是蒙古化的梵语，"珍宝"的意思），赐给他金册、金印，确定了他的政教地位和职权，也规定了此后历世班禅额尔德尼都必经中央政权册封的制度。

（王辅仁）

文字狱

清朝初期，在各地人民进行反抗满族贵族统治斗争的同时，一些地主阶级出身的知识分子，曾经通过著书立说的方法来进行反抗斗争。清政府为了彻底消灭这种反清思想，便大兴"文字狱"。"文字狱"是指诗文著作中某些内容触犯了清政府的所谓禁忌，被清政府用为犯罪的罪证，借此来对反抗满族贵族统治的知识分子进行屠杀的一种暴行。

康熙时最大的一次"文字狱"是康熙二年（1663）的庄廷鑨之狱。庄廷鑨得到了明朝朱国桢编写的一部《明史》未完成稿，很高兴，便集合一些人把它编写完毕，由他自己署名刻印出版。这部书对于明朝后期汉满统治阶级的斗争写得很具体，并且把清军入关以后这一段时间的历史不算作清史，而却以南明为正统，叫作南明史，这就触犯了清政府的忌讳。清政府下令将庄氏家族以及为该书作序的人、参加校阅的人、刻印的人、卖书的人、买书的人，一并处死，总共杀了好几百人。事发时庄廷𨱔已死，清政府还把他的尸首从坟墓里掘出来戮尸。

康熙朝除庄廷𨱔之狱外，还有戴名世之狱也非常著名。戴名世是明朝遗老，他著的《南山集》中载有南明永历皇帝（1646—1661 在两广、云、贵一带建立过政权）的事迹，并且还采入了方孝标所著《滇黔纪闻》一书中有关明末清初的史实，结果清政府借此兴大狱。戴名世被杀，戴、方两家的男女老少都被充军。

雍正朝"文字狱"中最大的一次是雍正七年（1729）的吕留良、曾静之狱。吕留良是明朝遗老，他拒绝清政府的征聘，削发为僧，著书宣扬反清思想。曾静读了他的著作以后，派学生张熙

▲ 清世宗爱新觉罗·胤禛（雍正帝）像

去见川陕总督岳钟琪，劝他举兵反清。岳钟琪表面上假装答应，引诱他们说出全部计划，然后向清政府告密。清政府把早已死去的吕留良从棺中挖出戮尸；把他的儿子吕毅中、再传弟子沈在宽处死，吕家的人被灭族。对于曾静和张熙两人，则假造口供，说他们已改过自新；雍正皇帝还利用假"供词"作《大义觉迷录》一书，欺骗当时和后代的人。

（朱仲玉）

《四库全书》

　　《四库全书》是清朝乾隆年间由国家编修的一部历代著作总集。

　　这部书的编修工作，从乾隆三十九年（1774）开始（实际上前一两年就在筹备），至1782年完成。先后参加工作的共有三百六十多人。具体编修的过程是：先下诏广收遗书，命各省采访进呈历代著作，然后进行校订工作，分门别类编纂抄录，收藏于国家藏书库内。在编修过程中，如发现书中具有反清思想或不利于清政府统治的内容，就予以全部或部分销毁，或者篡改其中的字句。

　　《四库全书》收录的书籍共三千四百七十种，计七万九千零一十八卷。未加收录而保存书目的书，共六千八百一十九种。它基本上把我国历代的主要著作网罗进去了。全书分"经（经书）""史（史书）""子（诸子书）""集（文集）"四部（故名《四库全书》），四部之下又分为许多类别，如"史部"之下分为

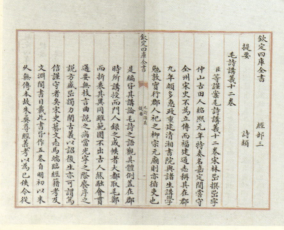

▲ 《四库全书》书影

"正史类""编年类""纪事本末类""别史类""杂史类""诏令奏议类""传记类""史钞类""载记类""时令类""地理类""职官类""政书类""目录类""史评类"十五类。每类之中，基本上以时代先后顺序为标准进行排列（其中帝王的作品排在最前面），这样，查阅起来十分方便。

《四库全书》编修完成以后，并没有刻版付印，只抄写了四部正本，分别收藏在北京的文渊阁（故宫内）、文源阁（圆明园内）和沈阳的文溯阁、承德的文津阁等几个国家藏书库中。后来又抄写了三部副本，分别收藏在扬州的文汇阁、镇江的文宗阁、杭州的文澜阁。这七部书，现在有的已经全部被毁，有的也已部分被毁。如收藏于文宗阁的，在鸦片战争时期被毁；收藏于文源阁的，在第二次鸦片战争时期被毁；收藏于文汇阁、文澜阁的，在太平天国革命时散佚；收藏于文溯阁的，在"九一八"事变后一度被日寇掠去以致部分散佚；收藏于文渊阁的，在北京解放前夕被国民党劫往台湾。

在编修《四库全书》的同时，为了查阅方便起见，还编有《四库全书总目提要》和《四库全书简明目录》各一种。

（朱仲玉）

《三国演义》《水浒传》《西游记》《聊斋志异》《红楼梦》

　　《三国演义》的作者是元末明初时人罗贯中，《水浒传》的作者是大约与罗贯中同时的施耐庵，《西游记》的作者是明朝人吴承恩，《聊斋志异》的作者是清朝人蒲松龄（1640—1715），《红楼梦》的作者是清朝人曹雪芹（约1715—1763）。

　　《三国演义》描写的是东汉以后魏、蜀、吴三国兴亡的一段历史。它以刘备、关羽、张飞三人桃园结义作为故事的开端，以晋朝灭掉吴国结束三国分立局面作为故事的终结，深刻而生动地描绘了三国时代尖锐复杂的军事斗争和政治斗争。书中通过对魏、蜀、吴三国之间种种矛盾的刻画，揭露了统治阶级贪得无厌和残暴虚伪的本质。作者用他的笔精心地塑造了曹操、孔明（诸葛亮）、张飞等许多性格鲜明的典型形象。在作者笔下，曹操是封建社会里统治阶级中阴险奸黠者的代表，孔明是聪明、智慧的化身，张飞是疾恶如仇、爱憎分明、性情莽撞的英雄。作者把书中的人物写得栩

▲ 明·商喜《关羽擒将图》

栩如生，使读者看了以后，如见其人、如闻其声。

《水浒传》写的是宋朝时候农民起义的故事。它描写了林冲、鲁智深、武松、李逵、宋江等人是如何在封建统治阶级的压迫下被逼上梁山的。它歌颂了农民阶级跟地主阶级进行坚决斗争的大无畏精神。书中不仅对于朝廷里的暴君奸臣进行了严厉的批判，并且对于直接压在人民头上的地主恶霸也予以无情的唾骂。这部书在很大程度上鼓舞了被压迫人民反抗黑暗统治的热情。"三打祝家庄"就是书里描写梁山泊的农民英雄和地主恶霸展开武装斗争的一个著名片段。

《西游记》写的是唐僧取经的故事。唐僧、孙悟空、猪八戒、

▲ 清·佚名《西游记》绘本插图

沙和尚师徒四人，历尽千辛万苦，到西天去取经，最后终于战胜了
险恶的自然环境和一切妖魔鬼怪，胜利地把经取回。书中的孙悟
空是人民智慧与力量的化身，他大闹天宫、大闹地狱，把神鬼世界
的权力和秩序打得粉碎，充分地反映了人民蔑视封建统治权力的
情绪。

《聊斋志异》是一部短篇小说集。它通过许多花妖狐魅的故
事，从多方面反映了当时社会的现实生活。它暴露了贪官污吏、
土豪劣绅的贪残暴虐，辛辣地批判了科举制度的腐朽，揭露了社会

骗子手的欺诈行为，也歌颂了反抗旧礼教的男女之间的真挚爱情。

　　《红楼梦》写的是贾宝玉、林黛玉、薛宝钗之间的爱情悲剧。贾宝玉是一个鄙视功名富贵、具有反抗旧礼教精神的贵族公子。林黛玉是一个敢于向传统势力挑战、热烈追求真实爱情的女孩子。薛宝钗则是一个封建主义的忠诚信奉者。贾宝玉和林黛玉彼此相爱，然而封建恶势力却不让他们结合。最后，林黛玉在久病中忧郁地死去。薛宝钗虽然获得了和贾宝玉结为夫妇的胜利，可是却没有赢得贾宝玉真正的爱情，反而成为封建社会另一种类型的牺牲品。《红楼梦》所描写的爱情是一种以反对封建主义（不仅是反对

▲ 清·孙温《红楼梦》绘本插图

封建包办婚姻）为其思想内容的爱情，它通过贾宝玉、林黛玉恋爱的种种波折和贵族贾家由盛而衰的变化过程，深刻地揭露和谴责了中国封建社会的各种黑暗和罪恶。它是我国古典小说中最伟大的一部现实主义作品。

（朱仲玉）

洪昇 孔尚任

清初出现了许多戏曲家，其中著名的有洪昇和孔尚任。

洪昇（1645—1704），字昉思，号稗畦，钱塘（今浙江省杭州市）人。他的代表作是《长生殿》。《长生殿》取材于历史故事，以唐玄宗和杨贵妃两人的爱情为中心，比较全面地反映了唐朝"安史之乱"前后的社会情况。它描写了唐朝由盛而衰的过程，描写了当时的宫廷生活和官吏的贪暴，描写了内忧

▲《长生殿》插图

▲《桃花扇》书影

外患交迫下人民生活的困苦，也描写了正义凛然的爱国人物。作品的相当一部分篇幅具有浪漫主义的色彩，但在主要情节上则是现实主义的。

孔尚任（1648—1718），字季重，号东塘，兖州曲阜（今山东省曲阜市）人。与洪昇齐名，世称"南洪北孔"。他的代表作是《桃花扇》。《桃花扇》通过李香君、侯朝宗悲欢离合的爱情故事，反映了南明弘光朝的社会现实和统治阶级内部的派系斗争，揭示了南明政权灭亡的原因。剧中人李香君是明末南京秦淮河边一个著名的歌妓，侯朝宗是与弘光朝的当权派马士英、阮大铖等奸臣处于对立地位的著名文人。奸臣的陷害，拆散了侯、李两人。侯朝宗被迫逃亡江北投奔史可法幕下，李香君在奸臣的威逼下坚贞不屈，誓死不再嫁。

孔尚任通过生花的妙笔，把侯、李的爱情生活和国家兴亡的命运紧密地结合了起来，从表面上看描写的是儿女情长，而实际上写的却是亡国悲剧。不论在思想性上还是艺术性上，《桃花扇》都是一部富有现实主义色彩的杰出作品。

（朱仲玉）